全国“八五”普法
普法知识题集系列 14

纪检监察干部

JIJIAN JIANCHA GANBU

普法知识题集

PUFA ZHISHI TIJI

中国法制出版社
CHINA LEGAL PUBLISHING HOUSE

图书在版编目（CIP）数据

纪检监察干部普法知识题集 / 中国法制出版社编
.—北京：中国法制出版社，2022.4
（普法知识题集系列）
ISBN 978-7-5216-2465-6

Ⅰ.①纪… Ⅱ.①中… Ⅲ.①中国共产党-纪律检查-干部培训-习题集 Ⅳ.①D262.6-44

中国版本图书馆 CIP 数据核字（2022）第 045460 号

策划统筹 胡 斌 唐 鹍
责任编辑 刘海龙　　封面设计 李 宁

纪检监察干部普法知识题集
JIJIAN JIANCHA GANBU PUFA ZHISHI TIJI

编者/中国法制出版社
经销/新华书店
印刷/三河市紫恒印装有限公司
开本/880 毫米×1230 毫米 32 开　　印张/6.25 字数/160 千
版次/2022 年 4 月第 1 版　　2022 年 4 月第 1 次印刷

中国法制出版社出版
书号 ISBN 978-7-5216-2465-6　　定价：29.00 元

北京市西城区西便门西里甲 16 号西便门办公区
邮政编码：100053　　传真：010-63141600
网址：http：//www.zgfzs.com　　**编辑部电话：010-63141814**
市场营销部电话：010-63141612　　**印务部电话：010-63141606**

（如有印装质量问题，请与本社印务部联系。）

编辑说明

当前，我国已开启全面建设社会主义现代化国家新征程，进入新发展阶段。通过开展“八五”普法，使公民法治素养和社会治理法治化水平显著提升，形成全社会尊法学法守法用法的良好氛围。多层次多领域依法治理深入推进，全社会办事依法、遇事找法、解决问题用法、化解矛盾靠法的法治环境显著改善。

提升公民法治素养是全民普法的主要目标，也是全面依法治国的迫切要求，要突出重点对象，分层分类指导。实行公民终身法治教育制度，把法治教育纳入干部教育体系、国民教育体系、社会教育体系，不断提升全体公民法治意识和法治素养。坚持学用结合、普治并举。注重在立法、执法、司法和法律服务过程中开展实时普法，把普法深度融入立法、执法、司法和法律服务全过程，把普法融入法治实践、基层治理和日常生活。

为配合“八五”普法工作需要，我们组织编写了“普法知识题集系列丛书”。定位普法，覆盖公民、国家工作人员、领导干部、青少年、企业人员等，题型丰富、解析精准、难度适中，从试题角度为普法工作学习提供检验测试工具。丛书具有以下特点：

一、题型丰富。题型涵盖判断题、单选题、多选题、填空题、简答题，完备系统。

二、解析精准。习题均附有参考答案，解析有法律条文做依据，精准可靠。部分判断题、填空题的解析出于节省篇幅考虑，只列出答案和条文序号。

三、难度适中。习题设置避免难题、偏题、怪题，以突出应知应会和重点条文为出发点设置。

本丛书既适合机关、团体、学校、企业、事业单位等组织相关培训配套使用，也适合有学习需求的广大读者阅读。希望本丛书的出版能够有助于引导广大读者养成自觉守法的意识，形成遇事找法的习惯，培养解决问题靠法的意识和能力。为建设信仰法治、公平正义、保障权利、守法诚信、充满活力、和谐有序的社会主义法治社会贡献一份力量。

由于时间和水平有限，不足之处在所难免，敬请广大读者批评指正。

中国法制出版社

目录

一、中国共产党章程

（一）判断题

1. 中国共产党是中国工人阶级的先锋队，同时是中国人民和中华民族的先锋队，是中国特色社会主义事业的领导核心。（　　）
2. 我国正处于并将长期处于社会主义高级阶段。（　　）
3. 由于国内的因素和国际的影响，阶级斗争还在一定范围内长期存在，在某种条件下还有可能激化，成为主要矛盾。（　　）
4. 发展是我们党执政兴国的第一要务。（　　）
5. 要坚持对外开放的基本国策，吸收和借鉴人类社会创造的一切文明成果。（　　）
6. 完善中国特色社会主义法律体系，加强法律实施工作，实现国家绝大部分工作法治化。（　　）
7. 加强社会治安综合治理，依法坚决打击各种危害国家安全和利益、危害社会稳定和经济发展的犯罪活动和犯罪分子，保持社会长期稳定。（　　）
8. 中国共产党的领导是中国特色社会主义最本质的特征，是中国特色社会主义制度的最大优势。（　　）
9. 中国共产党党员必须全心全意为人民服务，不惜牺牲个人的一切，为实现社会主义奋斗终身。（　　）
10. 党中央有权剥夺党员享有的权利。（　　）
11. 预备党员的权利同正式党员一样。（　　）
12. 党员连续6个月不参加党的组织生活，就被认为是自行脱党。（　　）
13. 中央委员会委员和候补委员必须有10年以上的党龄。（　　）
14. 党的地方各级委员会全体会议，每年至少召开1次。（　　）
15. 总支部委员会和支部委员会由党员大会或代表大会选举产生，提出委员候选人要广泛征求党员和群众的意见。（　　）

16. 党的基层委员会、总支部委员会、支部委员会每届任期 3 年至 5 年。( )
17. 党支部是党的基础组织，担负直接教育党员、管理党员、监督党员和组织群众、宣传群众、凝聚群众、服务群众的职责。( )
18. 党的干部是党的事业的骨干，是人民的公仆，要做到忠诚干净担当。( )
19. 党的各级组织要善于发现和推荐有真才实学的党外干部担任领导工作，保证他们有职有权，充分发挥他们的作用。( )
20. 由民主选举产生的党的各级领导干部，他们的职务可以是终身的。( )
21. 留党察看最长不超过 1 年。( )
22. 中国共产党的党徽党旗是中国共产党的象征和标志。( )

（二）单项选择题

1. 新中国成立以后，顺利地进行了社会主义改造，完成了从( )的过渡，确立了社会主义基本制度，发展了社会主义的经济、政治和文化。
   A. 旧民主主义到社会主义
   B. 新民主主义到社会主义
   C. 封建主义到社会主义
   D. 官僚资本主义到社会主义
2. 中国共产党在领导社会主义事业中，必须坚持以( )为中心，其他各项工作都服从和服务于这个中心。
   A. 政治建设 B. 社会建设
   C. 经济建设 D. 文化建设
3. 坚持( )，是我们的强国之路。
   A. 社会主义道路 B. 人民民主专政
   C. 中国共产党的领导 D. 改革开放
4. 中国共产党领导人民发展社会主义市场经济。毫不动摇地巩固和发展公有制经济，毫不动摇地( )非公有制经济发展。
   A. 鼓励、监管、引导 B. 鼓励、支持、监管
   C. 监管、支持、引导 D. 鼓励、支持、引导
5. 弘扬以( )为核心的民族精神和以改革创新为核心的时代精神。

A. 社会主义　　B. 民族主义
C. 爱国主义　　D. 奉献主义

6. 中国共产党维护和发展(　　)的社会主义民族关系。

A. 平等团结互助和谐　　B. 公平团结互助融洽
C. 公平团结合作和谐　　D. 平等团结合作融洽

7. 年满(　　)岁的中国工人、农民、军人、知识分子和其他社会阶层的先进分子，承认党的纲领和章程，愿意参加党的一个组织并在其中积极工作、执行党的决议和按期交纳党费的，可以申请加入中国共产党。

A. 16　　B. 18
C. 20　　D. 22

8. 申请入党的人，要填写入党志愿书，要有(　　)正式党员作介绍人，要经过支部大会通过和上级党组织批准，并且经过预备期的考察，才能成为正式党员。

A. 1名　　B. 2名
C. 3名　　D. 5名

9. 党组织讨论决定问题，必须执行(　　)的原则。

A. 少数服从多数　　B. 民主集中制
C. 首长负责制　　D. 集体负责制

10. 企业、农村、机关、学校、科研院所、街道社区、社会组织、人民解放军连队和其他基层单位，凡是有正式党员(　　)以上的，都应当成立党的基层组织。

A. 2人　　B. 3人
C. 4人　　D. 5人

(三) 多项选择题

1. 在毛泽东思想指引下，中国共产党领导全国各族人民，经过长期的反对(　　)的革命斗争，取得了新民主主义革命的胜利，建立了人民民主专政的中华人民共和国。

A. 殖民地主义　　B. 帝国主义
C. 封建主义　　D. 官僚资本主义

2. 我们的立国之本是坚持(　　)。

A. 社会主义道路

B. 人民民主专政

C. 中国共产党的领导

D. 马克思列宁主义毛泽东思想

3. 坚持(　　)有机统一，走中国特色社会主义政治发展道路，扩大社会主义民主，建设中国特色社会主义法治体系，建设社会主义法治国家，巩固人民民主专政，建设社会主义政治文明。

A. 党的领导　　B. 人民民主专政

C. 人民当家作主　　D. 依法治国

4. 下列关于中国共产党领导人民建设社会主义生态文明的说法正确的有：(　　)

A. 树立尊重自然、顺应自然、保护自然的生态文明理念

B. 增强绿水青山就是金山银山的意识

C. 坚持节约资源和保护环境的基本国策

D. 坚持节约优先、保护优先、自然恢复为主的方针

5. 中国共产党同全国各民族(　　)团结在一起。

A. 工人　　B. 农民

C. 手工业者　　D. 知识分子

6. 下列关于发展党员的说法正确的是：(　　)

A. 发展党员，必须把政治标准放在首位

B. 申请入党的人，要填写入党志愿书

C. 党的支部委员会对申请入党的人，要注意征求党内外有关群众的意见

D. 在特殊情况下，党的中央可以直接接收党员

7. 在党的地方各级代表大会和基层代表大会闭会期间，上级党的组织认为有必要时，可以(　　)下级党组织的负责人。

A. 调动　　B. 指派

C. 选举　　D. 决定

8. 党的中央、地方和基层组织，都必须重视党的建设，经常讨论和检查党的(　　)、群众工作、统一战线工作等，注意研究党内外的思想政治状况。

A. 宣传工作　　B. 教育工作
C. 组织工作　　D. 纪律检查工作

9. 党的基层组织，根据工作需要和党员人数，经上级党组织批准，分别设立(　　)。
A. 党的基层委员会　　B. 党的总支部委员会
C. 党的支部委员会　　D. 党小组

10. 对党的中央委员会和地方各级委员会的委员、候补委员，给以(　　)的处分，必须由本人所在的委员会全体会议 2/3 以上的多数决定。
A. 严重警告　　B. 撤销党内职务
C. 留党察看　　D. 开除党籍

（四）填空题

1. 中国共产党人追求的共产主义最高理想，只有在社会主义社会____和____的基础上才能实现。
2. 全党同志要高举中国特色社会主义伟大旗帜，坚定____自信、____自信、____自信、____自信。
3. 在新世纪新时代，经济和社会发展的战略目标是，到____时，全面建成小康社会；到____时，全面建成社会主义现代化强国。
4. 要全面深化改革，完善和发展中国特色社会主义制度，推进国家____和____现代化。
5. 发挥市场在资源配置中的____作用，更好发挥政府作用，建立完善的____体系。
6. 中国共产党坚持对人民解放军和其他人民武装力量的____。
7. 贯彻习近平强军思想，加强人民解放军的建设，坚持政治建军、改革强军、科技兴军、依法治军，建设一支____、____、____的人民军队。
8. 中国共产党党员永远是____的普通一员。除了____规定范围内的个人利益和工作职权以外，所有共产党员都不得谋求任何____。
9. 党的各级代表大会代表实行____。
10. 党的基层组织是党在社会基层组织中的____，是党的全部工作和战斗力的基础。

11. 党按照____的原则选拔干部。
12. 对党员的纪律处分有五种：警告、____、撤销党内职务、____、____。
13. 在中央和地方____、人民团体、经济组织、文化组织和其他非党组织的领导机关中，可以成立党组。党组发挥____作用。
14. 中国共产党党徽为____和____组成的图案。
15. 中国共产党党旗为旗面缀有____图案的红旗。

（五）简答题

1. 简述改革开放以来我们取得一切成绩和进步的根本原因。
2. 简述现阶段我国社会的主要矛盾。
3. 简述我国社会主义建设的根本任务。
4. 简述中国共产党在社会主义初级阶段的基本路线。
5. 简述和平共处五项原则的内容。
6. 简述党的建设必须坚决实现五项基本要求。
7. 简述党员必须履行的义务。
8. 简述党员享有的权利。
9. 简述入党誓词。
10. 简述党的民主集中制的基本原则。
11. 简述党的全国代表大会的职权。
12. 简述党的各级领导干部必须具备的基本条件。
13. 简述党的纪律主要包括的内容。
14. 简述党的各级纪律检查委员会的主要任务。
15. 简述党和共产主义青年团的关系。

参考答案

（一）判断题

1. √，解析：根据《中国共产党章程》序言第1自然段规定。
2. ×，解析：根据《中国共产党章程》序言第10自然段规定，我国正处于并将长期处于社会主义初级阶段。这是在原本经济文化落后的中国建设社会主义现代化不可逾越的历史阶段，需要上百年的时间。

3. ×，解析：根据《中国共产党章程》序言第 10 自然段规定，由于国内的因素和国际的影响，阶级斗争还在一定范围内长期存在，在某种条件下还有可能激化，但已经不是主要矛盾。

4. √，解析：根据《中国共产党章程》序言第 10 自然段规定。

5. √，解析：根据《中国共产党章程》序言第 14 自然段规定。

6. ×，解析：根据《中国共产党章程》序言第 16 自然段规定，完善中国特色社会主义法律体系，加强法律实施工作，实现国家各项工作法治化。

7. √，解析：根据《中国共产党章程》序言第 18 自然段规定。

8. √，解析：根据《中国共产党章程》序言第 25 自然段规定。

9. ×，解析：根据《中国共产党章程》第 2 条规定，中国共产党党员必须全心全意为人民服务，不惜牺牲个人的一切，为实现共产主义奋斗终身。

10. ×，解析：根据《中国共产党章程》第 4 条规定，党的任何一级组织直至中央都无权剥夺党员享有的权利。

11. ×，解析：根据《中国共产党章程》第 7 条规定，预备党员的义务同正式党员一样。预备党员的权利，除了没有表决权、选举权和被选举权以外，也同正式党员一样。

12. ×，解析：根据《中国共产党章程》第 9 条规定，党员如果没有正当理由，连续 6 个月不参加党的组织生活，或不交纳党费，或不做党所分配的工作，就被认为是自行脱党。支部大会应当决定把这样的党员除名，并报上级党组织批准。

13. ×，解析：根据《中国共产党章程》第 22 条规定，党的中央委员会每届任期 5 年。全国代表大会如提前或延期举行，它的任期相应地改变。中央委员会委员和候补委员必须有 5 年以上的党龄。中央委员会委员和候补委员的名额，由全国代表大会决定。中央委员会委员出缺，由中央委员会候补委员按照得票多少依次递补。

14. ×，解析：根据《中国共产党章程》第 27 条规定，党的地方各级委员会全体会议，每年至少召开 2 次。

15. ×，解析：根据《中国共产党章程》第 30 条规定，党的基层组织，根据工作需要和党员人数，经上级党组织批准，分别设立党的基层委员会、总支部委员会、支部委员会。基层委员会由党员大会或代表大会选举产生，总支部委员会和支部委员会由党员大会选举产生，提出委员候选人要广泛征求党员和群众的意见。

16. √，解析：根据《中国共产党章程》第 31 条规定。

17. √，解析：根据《中国共产党章程》第 34 条规定。

18. √，解析：根据《中国共产党章程》第 35 条规定。

19. √，解析：根据《中国共产党章程》第 37 条规定。

20. ×，解析：根据《中国共产党章程》第 38 条规定，党的各级领导干部，无论是由民主选举产生的，或是由领导机关任命的，他们的职务都不是终身的，都可以变动或解除。年龄和健康状况不适宜于继续担任工作的干部，应当按照国家的规定退、离休。

21. ×，解析：根据《中国共产党章程》第 41 条规定，留党察看最长不超过 2 年。党员在留党察看期间没有表决权、选举权和被选举权。党员经过留党察看，确已改正错误的，应当恢复其党员的权利；坚持错误不改的，应当开除党籍。

22. √，解析：根据《中国共产党章程》第 55 条规定。

（二）单项选择题

1. B，解析：根据《中国共产党章程》序言第 4 自然段规定，新中国成立以后，顺利地进行了社会主义改造，完成了从新民主主义到社会主义的过渡，确立了社会主义基本制度，发展了社会主义的经济、政治和文化。

2. C，解析：根据《中国共产党章程》序言第 12 自然段规定，中国共产党在领导社会主义事业中，必须坚持以经济建设为中心，其他各项工作都服从和服务于这个中心。

3. D，解析：根据《中国共产党章程》序言第 14 自然段规定，坚持改革开放，是我们的强国之路。只有改革开放，才能发展中国、发展社会主义、发展马克思主义。

4. D，解析：根据《中国共产党章程》序言第 15 自然段规定，中国共产党领导人民发展社会主义市场经济。毫不动摇地巩固和发展公有制经济，毫不动摇地鼓励、支持、引导非公有制经济发展。

5. C，解析：根据《中国共产党章程》序言第 17 自然段规定，弘扬以爱国主义为核心的民族精神和以改革创新为核心的时代精神。

6. A，解析：根据《中国共产党章程》序言第 21 自然段规定，中国共产党维护和发展平等团结互助和谐的社会主义民族关系，积极培养、选拔少数民族干部，帮助少数民族和民族地区发展经济、文化和社会事业，铸牢中华民族共同体意识，实现各民族共同团结奋斗、共同繁荣发展。

7. B，解析：根据《中国共产党章程》第1条规定，年满18岁的中国工人、农民、军人、知识分子和其他社会阶层的先进分子，承认党的纲领和章程，愿意参加党的一个组织并在其中积极工作、执行党的决议和按期交纳党费的，可以申请加入中国共产党。

8. B，解析：根据《中国共产党章程》第5条规定，申请入党的人，要填写入党志愿书，要有2名正式党员作介绍人，要经过支部大会通过和上级党组织批准，并且经过预备期的考察，才能成为正式党员。

9. A，解析：根据《中国共产党章程》第17条规定，党组织讨论决定问题，必须执行少数服从多数的原则。决定重要问题，要进行表决。对于少数人的不同意见，应当认真考虑。如对重要问题发生争论，双方人数接近，除了在紧急情况下必须按多数意见执行外，应当暂缓作出决定，进一步调查研究，交换意见，下次再表决；在特殊情况下，也可将争论情况向上级组织报告，请求裁决。

10. B，解析：根据《中国共产党章程》第30条规定，企业、农村、机关、学校、科研院所、街道社区、社会组织、人民解放军连队和其他基层单位，凡是有正式党员3人以上的，都应当成立党的基层组织。

（三）多项选择题

1. BCD，解析：根据《中国共产党章程》序言第4自然段规定，在毛泽东思想指引下，中国共产党领导全国各族人民，经过长期的反对帝国主义、封建主义、官僚资本主义的革命斗争，取得了新民主主义革命的胜利，建立了人民民主专政的中华人民共和国。

2. ABCD，解析：根据《中国共产党章程》序言第13自然段规定，坚持社会主义道路、坚持人民民主专政、坚持中国共产党的领导、坚持马克思列宁主义毛泽东思想这四项基本原则，是我们的立国之本。在社会主义现代化建设的整个过程中，必须坚持四项基本原则，反对资产阶级自由化。

3. ACD，解析：根据《中国共产党章程》序言第16自然段规定，坚持党的领导、人民当家作主、依法治国有机统一，走中国特色社会主义政治发展道路，扩大社会主义民主，建设中国特色社会主义法治体系，建设社会主义法治国家，巩固人民民主专政，建设社会主义政治文明。

4. ABCD，解析：根据《中国共产党章程》序言第19自然段规定，中国共产党领导人民建设社会主义生态文明。树立尊重自然、顺应自然、保护自然的生态文明理念，增强绿水青山就是金山银山的意识，坚持节约资源和保护环境的基本国策，坚持节约优先、保护优先、自然恢复为主的方针，坚持生产发展、生活富裕、生态良好的文明发展道路。

5. ABD，解析：根据《中国共产党章程》序言第22自然段规定，中国共产党同全国各民族工人、农民、知识分子团结在一起，同各民主党派、无党派人士、各民族的爱国力量团结在一起，进一步发展和壮大由全体社会主义劳动者、社会主义事业的建设者、拥护社会主义的爱国者、拥护祖国统一和致力于中华民族伟大复兴的爱国者组成的最广泛的爱国统一战线。

6. ABCD，解析：根据《中国共产党章程》第5条规定，发展党员，必须把政治标准放在首位，经过党的支部，坚持个别吸收的原则。申请入党的人，要填写入党志愿书，要有两名正式党员作介绍人，要经过支部大会通过和上级党组织批准，并且经过预备期的考察，才能成为正式党员。介绍人要认真了解申请人的思想、品质、经历和工作表现，向他解释党的纲领和党的章程，说明党员的条件、义务和权利，并向党组织作出负责的报告。党的支部委员会对申请入党的人，要注意征求党内外有关群众的意见，进行严格的审查，认为合格后再提交支部大会讨论。上级党组织在批准申请人入党以前，要派人同他谈话，作进一步的了解，并帮助他提高对党的认识。在特殊情况下，党的中央和省、自治区、直辖市委员会可以直接接收党员。

7. AB，解析：根据《中国共产党章程》第13条规定，在党的地方各级代表大会和基层代表大会闭会期间，上级党的组织认为有必要时，可以调动或者指派下级党组织的负责人。

8. ABCD，解析：根据《中国共产党章程》第18条规定，党的中央、地方和基层组织，都必须重视党的建设，经常讨论和检查党的宣传工作、教育工作、组织工作、纪律检查工作、群众工作、统一战线工作等，注意研究党内外的思想政治状况。

9. ABC，解析：根据《中国共产党章程》第30条规定，党的基层组织，根据工作需要和党员人数，经上级党组织批准，分别设立党的基层委员会、总支部委员会、支部委员会。基层委员会由党员大会或代表大会选举产生，总支部委员会和支部委员会由党员大会选举产生，提出委员候选人要广泛征求党员和群众的意见。

10. BCD，解析：根据《中国共产党章程》第42条规定，对党的中央委员会和地方各级委员会的委员、候补委员，给以撤销党内职务、留党察看或开除党籍的处分，必须由本人所在的委员会全体会议 2/3 以上的多数决定。

（四）填空题

1. 充分发展；高度发达。（《中国共产党章程》序言第 3 自然段）
2. 道路；理论；制度；文化。（《中国共产党章程》序言第 9 自然段）
3. 建党一百年；新中国成立一百年。（《中国共产党章程》序言第 10 自然段）
4. 治理体系；治理能力。（《中国共产党章程》序言第 14 自然段）
5. 决定性；宏观调控。（《中国共产党章程》序言第 15 自然段）
6. 绝对领导。（《中国共产党章程》序言第 20 自然段）
7. 听党指挥；能打胜仗；作风优良。（《中国共产党章程》序言第 20 自然段）
8. 劳动人民；法律和政策；私利和特权。（《中国共产党章程》第 2 条）
9. 任期制。（《中国共产党章程》第 11 条）
10. 战斗堡垒。（《中国共产党章程》第 32 条）
11. 德才兼备、以德为先。（《中国共产党章程》第 35 条）
12. 严重警告；留党察看；开除党籍。（《中国共产党章程》第 41 条）
13. 国家机关；领导核心。（《中国共产党章程》第 48 条）
14. 镰刀；锤头。（《中国共产党章程》第 53 条）
15. 金黄色党徽。（《中国共产党章程》第 54 条）

（五）简答题

1. 答：根据《中国共产党章程》序言第 9 自然段规定，改革开放以来我们取得一切成绩和进步的根本原因，归结起来就是：开辟了中国特色社会主义道路，形成了中国特色社会主义理论体系，确立了中国特色社会主义制度，发展了中国特色社会主义文化。
2. 答：根据《中国共产党章程》序言第 10 自然段规定，在现阶段，我国社会的主要矛盾是人民日益增长的美好生活需要和不平衡不充分的发展之间的矛盾。
3. 答：根据《中国共产党章程》序言第 10 自然段规定，我国社会主义建设的根本任务，是进一步解放生产力，发展生产力，逐步实现社会主义现代化，并且为此而改革生产关系和上层建筑中不适应生产力发展的方面和环节。
4. 答：根据《中国共产党章程》序言第 11 自然段规定，中国共产党在社会主义初级阶段的基本路线是：领导和团结全国各族人民，以经济建设为中心，坚持四项基本原则，坚持改革开放，自力更生，艰苦创业，为把我国建设成为富强民主文明和谐美丽的社会主义现代化强国而奋斗。

5. 答：根据《中国共产党章程》序言第 23 自然段规定，和平共处五项原则包括互相尊重主权和领土完整、互不侵犯、互不干涉内政、平等互利、和平共处。
6. 答：根据《中国共产党章程》序言第 24 自然段规定，党的建设必须坚决实现以下五项基本要求：第一，坚持党的基本路线。第二，坚持解放思想，实事求是，与时俱进，求真务实。第三，坚持全心全意为人民服务。第四，坚持民主集中制。第五，坚持从严管党治党。
7. 答：根据《中国共产党章程》第 3 条规定，党员必须履行下列义务：（1）认真学习马克思列宁主义、毛泽东思想、邓小平理论、“三个代表”重要思想、科学发展观、习近平新时代中国特色社会主义思想，学习党的路线、方针、政策和决议，学习党的基本知识，学习科学、文化、法律和业务知识，努力提高为人民服务的本领。（2）贯彻执行党的基本路线和各项方针、政策，带头参加改革开放和社会主义现代化建设，带动群众为经济发展和社会进步艰苦奋斗，在生产、工作、学习和社会生活中起先锋模范作用。（3）坚持党和人民的利益高于一切，个人利益服从党和人民的利益，吃苦在前，享受在后，克己奉公，多做贡献。（4）自觉遵守党的纪律，首先是党的政治纪律和政治规矩，模范遵守国家的法律法规，严格保守党和国家的秘密，执行党的决定，服从组织分配，积极完成党的任务。（5）维护党的团结和统一，对党忠诚老实，言行一致，坚决反对一切派别组织和小集团活动，反对阳奉阴违的两面派行为和一切阴谋诡计。（6）切实开展批评和自我批评，勇于揭露和纠正违反党的原则的言行和工作中的缺点、错误，坚决同消极腐败现象作斗争。（7）密切联系群众，向群众宣传党的主张，遇事同群众商量，及时向党反映群众的意见和要求，维护群众的正当利益。（8）发扬社会主义新风尚，带头实践社会主义核心价值观和社会主义荣辱观，提倡共产主义道德，弘扬中华民族传统美德，为了保护国家和人民的利益，在一切困难和危险的时刻挺身而出，英勇斗争，不怕牺牲。
8. 答：根据《中国共产党章程》第 4 条规定，党员享有下列权利：（1）参加党的有关会议，阅读党的有关文件，接受党的教育和培训。（2）在党的会议上和党报党刊上，参加关于党的政策问题的讨论。（3）对党的工作提出建议和倡议。（4）在党的会议上有根据地批评党的任何组织和任何党员，向党负责地揭发、检举党的任何组织和任何党员违法乱纪的事实，要求处分违法乱纪的党员，要求罢免或撤换不称职的干部。（5）行使表决权、选举权，有被选举权。（6）在党组织讨论决定对党员的党纪处分或作出鉴定时，本人有权参加和进行申辩，其他党员可以为他作证和辩护。（7）对党的决议和政策如有不同意见，在坚决执行的前提下，可以声明保留，并且可以把自己的意见向党的上级组织直至中央提出。（8）向党的上级组织直至中央提出请求、申诉和控告，并要求有关组织给以负责的答复。

9. 答：根据《中国共产党章程》第6条规定，预备党员必须面向党旗进行入党宣誓。誓词如下：我志愿加入中国共产党，拥护党的纲领，遵守党的章程，履行党员义务，执行党的决定，严守党的纪律，保守党的秘密，对党忠诚，积极工作，为共产主义奋斗终身，随时准备为党和人民牺牲一切，永不叛党。

10. 答：根据《中国共产党章程》第10条规定，党的民主集中制的基本原则是：（1）党员个人服从党的组织，少数服从多数，下级组织服从上级组织，全党各个组织和全体党员服从党的全国代表大会和中央委员会。（2）党的各级领导机关，除它们派出的代表机关和在非党组织中的党组外，都由选举产生。（3）党的最高领导机关，是党的全国代表大会和它所产生的中央委员会。（4）党的上级组织要经常听取下级组织和党员群众的意见，及时解决他们提出的问题。（5）党的各级委员会实行集体领导和个人分工负责相结合的制度。（6）党禁止任何形式的个人崇拜。

11. 答：根据《中国共产党章程》第20条规定，党的全国代表大会的职权是：（1）听取和审查中央委员会的报告；（2）审查中央纪律检查委员会的报告；（3）讨论并决定党的重大问题；（4）修改党的章程；（5）选举中央委员会；（6）选举中央纪律检查委员会。

12. 答：根据《中国共产党章程》第36条规定，党的各级领导干部必须信念坚定、为民服务、勤政务实、敢于担当、清正廉洁，模范地履行本章程第3条所规定的党员的各项义务，并且必须具备以下的基本条件：

（1）具有履行职责所需要的马克思列宁主义、毛泽东思想、邓小平理论、“三个代表”重要思想、科学发展观的水平，带头贯彻落实习近平新时代中国特色社会主义思想，努力用马克思主义的立场、观点、方法分析和解决实际问题，坚持讲学习、讲政治、讲正气，经得起各种风浪的考验。

（2）具有共产主义远大理想和中国特色社会主义坚定信念，坚决执行党的基本路线和各项方针、政策，立志改革开放，献身现代化事业，在社会主义建设中艰苦创业，树立正确政绩观，做出经得起实践、人民、历史检验的实绩。

（3）坚持解放思想，实事求是，与时俱进，开拓创新，认真调查研究，能够把党的方针、政策同本地区、本部门的实际相结合，卓有成效地开展工作，讲实话，办实事，求实效。

(4) 有强烈的革命事业心和政治责任感，有实践经验，有胜任领导工作的组织能力、文化水平和专业知识。

(5) 正确行使人民赋予的权力，坚持原则，依法办事，清正廉洁，勤政为民，以身作则，艰苦朴素，密切联系群众，坚持党的群众路线，自觉地接受党和群众的批评和监督，加强道德修养，讲党性、重品行、作表率，做到自重、自省、自警、自励，反对形式主义、官僚主义、享乐主义和奢靡之风，反对任何滥用职权、谋求私利的行为。

(6) 坚持和维护党的民主集中制，有民主作风，有全局观念，善于团结同志，包括团结同自己有不同意见的同志一道工作。

13. 答：根据《中国共产党章程》第 40 条规定，党的纪律主要包括政治纪律、组织纪律、廉洁纪律、群众纪律、工作纪律、生活纪律。

14. 答：根据《中国共产党章程》第 46 条规定，党的各级纪律检查委员会是党内监督专责机关，主要任务是：维护党的章程和其他党内法规，检查党的路线、方针、政策和决议的执行情况，协助党的委员会推进全面从严治党、加强党风建设和组织协调反腐败工作。

15. 答：根据《中国共产党章程》第 51 条规定，中国共产主义青年团是中国共产党领导的先进青年的群团组织，是广大青年在实践中学习中国特色社会主义和共产主义的学校，是党的助手和后备军。共青团中央委员会受党中央委员会领导。共青团的地方各级组织受同级党的委员会领导，同时受共青团上级组织领导。

二、中国共产党廉洁自律准则

简答题

1. 简述党员廉洁自律规范的内容。
2. 简述党员领导干部廉洁自律规范的内容。

参考答案

简答题

1. 答：党员廉洁自律规范包括：

（1）坚持公私分明，先公后私，克己奉公。

（2）坚持崇廉拒腐，清白做人，干净做事。

（3）坚持尚俭戒奢，艰苦朴素，勤俭节约。

（4）坚持吃苦在前，享受在后，甘于奉献。

2. 答：党员领导干部廉洁自律规范包括：

（1）廉洁从政，自觉保持人民公仆本色。

（2）廉洁用权，自觉维护人民根本利益。

（3）廉洁修身，自觉提升思想道德境界。

（4）廉洁齐家，自觉带头树立良好家风。

三、关于新形势下党内政治生活的若干准则

（一）判断题

1. 高级干部特别是中央领导层组成人员必须以身作则，模范遵守党章党规，严守党的政治纪律和政治规矩，坚持不忘初心、继续前进，坚持率先垂范、以上率下，为全党全社会作出示范。(　　)
2. 全体党员必须永远保持建党时中国共产党人的奋斗精神，把理想信念的坚定性体现在做好本职工作的过程中，自觉为推进中国特色社会主义事业而苦干实干。(　　)
3. 坚持开展党内集中学习教育。各级党组织要加强督促检查，把学习情况作为领导班子和领导干部考核的最重要内容。(　　)
4. 新形势下，党领导人民全面深化改革，是为了推动中国特色社会主义制度自我完善和发展，推进国家治理体系和治理能力现代化。(　　)
5. 考察识别干部特别是高级干部必须首先看是否坚定不移贯彻党的基本路线。(　　)
6. 遇有突发性重大问题和工作中重大问题要及时向党中央请示报告，情况紧急必须临机处置的，要尽职尽力做好工作，不必迅速报告。(　　)
7. 人民立场是党的根本政治立场，人民群众是党的力量源泉。(　　)
8. 在应对安全事件、突发事件、自然灾害事件等事件中，领导干部必须深入一线、靠前指挥，及时协调解决突出问题，及时回应社会关切。(　　)
9. 领导班子成员必须坚决执行党组织决定，如有不同意见，可以保留或向上一级党组织提出，但在上级或本级党组织改变决定以前，必须无条件执行已作出的决定。(　　)
10. 畅通党员参与讨论党内事务的途径，拓宽党员表达意见渠道，营造党内民主讨论的政治氛围。(　　)
11. 党员有权向党负责地揭发、检举党的任何组织和任何党员违纪违法的事

实，提倡不实名举报。(　　)

12. 把工作能力强作为干部工作核心理念贯穿选人用人全过程。(　　)

13. 全体党员、干部特别是高级干部必须增强党的意识，时刻牢记自己第一身份是党员。(　　)

14. 对党性不强的党员，应劝其退党或除名。(　　)

15. 批评和自我批评是我们党强身治病、保持肌体健康的锐利武器，也是加强和规范党内政治生活的重要手段。(　　)

(二) 单项选择题

1. 新形势下加强和规范党内政治生活，重点是：(　　)

A. 国家工作人员

B. 国家机关工作人员

C. 各级领导机关和领导干部

D. 各级党组织

2. 必须高度重视思想政治建设，把坚定理想信念作为开展党内政治生活的(　　)。

A. 首要任务　　B. 重要任务

C. 关键任务　　D. 第一任务

3. 思想理论上的坚定清醒是政治上坚定的(　　)。

A. 基础　　B. 前提

C. 先决条件　　D. 必备条件

4. 全党必须牢固树立(　　)，自觉在思想上政治上行动上同党中央保持高度一致。

A. 政治意识、法治意识、核心意识、看齐意识

B. 政治意识、大局意识、法治意识、看齐意识

C. 政治意识、大局意识、核心意识、法治意识

D. 政治意识、大局意识、核心意识、看齐意识

5. 全党必须严格执行重大问题(　　)制度。

A. 请示报告　　B. 请示备案

C. 请示审核　　D. 请示审批

6. 纪律严明是全党统一意志、统一行动、步调一致前进的(　　)，是党内政治生活的重要内容。

A. 重要前提　　B. 重要保障

C. 重要基础　　D. 重要条件

7. (　　)是党最根本、最重要的纪律，遵守党的政治纪律是遵守党的全部纪律的基础。

A. 廉洁纪律　　B. 作风纪律

C. 政治纪律　　D. 组织纪律

8. 建立上级组织在作出同下级组织有关重要决策前(　　)下级组织意见的制度。

A. 征求　　B. 询问

C. 收集　　D. 咨询

9. 领导班子成员分工按规定向上级党委(　　)。

A. 请示　　B. 报备

C. 报批　　D. 报告

10. 领导干部不得干预(　　)的干部选拔任用工作，有关地方和单位党组织要抵制这种违反党的组织原则的行为。

A. 曾经工作生活过的地方、曾经工作过的单位和不属于自己分管领域

B. 曾经学习生活过的地方、曾经工作过的单位和不属于自己分管领域

C. 曾经工作生活过的地方、曾经工作过的单位和不属于自己分管区域

D. 曾经工作学习过的地方、曾经工作过的单位和不属于自己分管领域

11. 坚持惩前毖后、治病救人，正确对待(　　)的干部，帮助其认识和改正。

A. 失误　　B. 犯错误

C. 违法　　D. 犯罪

12. 领导干部要以(　　)身份参加所在党支部或党小组的组织生活，坚持党员领导干部讲党课制度。

A. 领导干部　　B. 公务员

C. 党员　　D. 普通党员

13. 完善权力运行制约和监督机制，形成(　　)的制度安排。

A. 有权必有责、用权必担责、滥权必追责

B. 有权必有责、用权必监督、滥权必追责

C. 有权必监督、用权必担责、滥权必追责

D. 有权必有责、用权必担责、滥权必追刑

14. 必须筑牢拒腐防变的思想防线和制度防线，着力构建(　　)的体制机制，保持党的肌体健康和队伍纯洁。

A. 不敢腐、不能腐、不愿腐

B. 不敢腐、不能腐、不想腐

C. 不敢腐、不易腐、不想腐

D. 不会腐、不能腐、不想腐

(三) 多项选择题

1. 全党同志必须把对马克思主义的信仰、对社会主义和共产主义的信念作为毕生追求，在改造客观世界的同时不断改造主观世界，解决好(　　)这个“总开关”问题。

A. 世界观　　B. 人生观

C. 价值观　　D. 法治观

2. 全党同志必须坚定对中国特色社会主义的(　　)。

A. 道路自信　　B. 理论自信

C. 制度自信　　D. 文化自信

3. 全党必须毫不动摇坚持改革开放，发挥群众首创精神，勇于自我革命，勇于推进(　　)以及其他各方面创新。

A. 理论创新　　B. 实践创新

C. 制度创新　　D. 文化创新

4. 全党必须自觉防止和反对(　　)。

A. 个人主义　　B. 分散主义

C. 自由主义　　D. 本位主义

5. 全党必须坚决反对(　　)，领导干部特别是高级干部要以身作则。

A. 形式主义　　B. 官僚主义

C. 享乐主义　　D. 奢靡之风

6. 党的各级委员会作出重大决策部署，必须深入开展调查研究，广泛听取各方面意见和建议，凝聚智慧和力量，做到(　　)。

A. 公平决策　　B. 科学决策

C. 民主决策　　D. 依法决策

7. 上级党组织领导班子成员(　　)参加下级党组织领导班子民主生活会和组织生活会，发现问题及时纠正。

A. 定期　　B. 不定期

C. 随机　　D. 定点

8. 坚持谈心谈话制度。(　　)要开展经常性的谈心谈话，坦诚相见，交流思想，交换意见。

A. 党组织领导班子成员之间

B. 党组织班子成员和党员之间

C. 党员和党员之间

D. 党员和群众之间

9. 领导干部特别是高级干部必须注重(　　)，教育管理好亲属和身边工作人员。

A. 家属　　B. 家庭

C. 家教　　D. 家风

(四) 填空题

1. 新形势下加强和规范党内政治生活，必须以____为根本遵循。
2. 共产主义远大理想和中国特色社会主义共同理想，是中国共产党人的____和____，也是保持党的团结统一的____。
3. 必须全面贯彻执行党的基本路线，把以经济建设为中心同坚持____、坚持____这两个基本点统一于中国特色社会主义伟大实践，任何时候都不能有丝毫偏离和动摇。
4. 全党必须毫不动摇坚持以____为中心，聚精会神抓好发展这个____的第一要务。
5. 涉及全党全国性的重大方针政策问题，只有____有权作出决定和解释。
6. 必须把坚持全心全意____的根本宗旨、保持党同人民群众的血肉联系作为加强和规范党内政治生活的____。

7. 全党必须牢固树立人民群众是____的历史唯物主义观点，站稳群众立场，增进群众感情。
8. 坚决反对____，坚决反对____，不允许为了个人政绩、选票和形象脱离实际随意决策、随便许愿。
9. 领导班子成员必须增强____和____，在研究工作时充分发表意见，决策形成后一抓到底，不得违背集体决定自作主张、自行其是。
10. 党内选举必须体现____意志，规范和完善选举制度规则。
11. 建立容错纠错机制，宽容干部在工作中特别是改革创新中的____。
12. 督促党员对照党章规定的____、对照____、联系____进行党性分析，强化党员意识、增强党的观念、提高党性修养。
13. 必须加强对领导干部的监督，党内不允许有____的权力，也不允许有____的特殊党员。
14. 实行权力____制度，公开权力运行过程和结果，健全不当用权问责机制，把权力关进____笼子，让权力在____下运行。
15. 涉及所反映问题的领导干部应该____，不准干预或插手组织调查。

（五）简答题

1. 简述一个时期以来，党内政治生活中出现的突出问题。
2. 简述坚决维护党中央权威、保证全党令行禁止的重要性。

参考答案

（一）判断题

1. √，解析：根据《关于新形势下党内政治生活的若干准则》第 8 自然段规定。
2. √，解析：根据《关于新形势下党内政治生活的若干准则》第 1 条第 3 自然段规定。
3. ×，解析：根据《关于新形势下党内政治生活的若干准则》第 1 条第 5 自然段规定，各级党组织要加强督促检查，把学习情况作为领导班子和领导干部考核的重要内容。

4. √，解析：根据《关于新形势下党内政治生活的若干准则》第2条第4自然段规定。

5. √，解析：根据《关于新形势下党内政治生活的若干准则》第2条第7自然段规定。

6. ×，解析：根据《关于新形势下党内政治生活的若干准则》第3条第5自然段规定，遇有突发性重大问题和工作中重大问题要及时向党中央请示报告，情况紧急必须临机处置的，要尽职尽力做好工作，并迅速报告。

7. √，解析：根据《关于新形势下党内政治生活的若干准则》第5条第1自然段规定。

8. ×，解析：根据《关于新形势下党内政治生活的若干准则》第5条第5自然段规定，在应对重大安全事件、重大突发事件、重大自然灾害事件等事件中，领导干部必须深入一线、靠前指挥，及时协调解决突出问题，及时回应社会关切。

9. ×，解析：根据《关于新形势下党内政治生活的若干准则》第6条第5自然段规定，领导班子成员必须坚决执行党组织决定，如有不同意见，可以保留或向上一级党组织提出，但在上级或本级党组织改变决定以前，除执行决定会立即引起严重后果等紧急情况外，必须无条件执行已作出的决定。

10. √，解析：根据《关于新形势下党内政治生活的若干准则》第7条第4自然段规定。

11. ×，解析：根据《关于新形势下党内政治生活的若干准则》第7条第7自然段规定，党员有权向党负责地揭发、检举党的任何组织和任何党员违纪违法的事实，提倡实名举报。

12. ×，解析：根据《关于新形势下党内政治生活的若干准则》第8条第2自然段规定，把公道正派作为干部工作核心理念贯穿选人用人全过程，做到公道对待干部、公平评价干部、公正使用干部。

13. √，解析：根据《关于新形势下党内政治生活的若干准则》第9条第2自然段规定。

14. ×，解析：根据《关于新形势下党内政治生活的若干准则》第9条第6自然段规定，对党性不强的党员，及时进行批评教育，限期改正；经教育仍无转变的，应劝其退党或除名。

15. √，解析：根据《关于新形势下党内政治生活的若干准则》第10条第1自然段规定。

(二) 单项选择题

1. C，解析：根据《关于新形势下党内政治生活的若干准则》第 8 自然段规定，新形势下加强和规范党内政治生活，重点是各级领导机关和领导干部，关键是高级干部特别是中央委员会、中央政治局、中央政治局常务委员会的组成人员。
2. A，解析：根据《关于新形势下党内政治生活的若干准则》第 1 条第 1 自然段规定，必须高度重视思想政治建设，把坚定理想信念作为开展党内政治生活的首要任务。
3. B，解析：根据《关于新形势下党内政治生活的若干准则》第 1 条第 4 自然段规定，坚定理想信念，必须加强学习。思想理论上的坚定清醒是政治上坚定的前提。
4. D，解析：根据《关于新形势下党内政治生活的若干准则》第 3 条第 2 自然段规定，全党必须牢固树立政治意识、大局意识、核心意识、看齐意识，自觉在思想上政治上行动上同党中央保持高度一致。
5. A，解析：根据《关于新形势下党内政治生活的若干准则》第 3 条第 5 自然段规定，全党必须严格执行重大问题请示报告制度。
6. B，解析：根据《关于新形势下党内政治生活的若干准则》第 4 条第 1 自然段规定，纪律严明是全党统一意志、统一行动、步调一致前进的重要保障，是党内政治生活的重要内容。必须严明党的纪律，把纪律挺在前面，用铁的纪律从严治党。
7. C，解析：根据《关于新形势下党内政治生活的若干准则》第 4 条第 3 自然段规定，政治纪律是党最根本、最重要的纪律，遵守党的政治纪律是遵守党的全部纪律的基础。
8. A，解析：根据《关于新形势下党内政治生活的若干准则》第 6 条第 2 自然段规定，建立上级组织在作出同下级组织有关重要决策前征求下级组织意见的制度。
9. B，解析：根据《关于新形势下党内政治生活的若干准则》第 6 条第 6 自然段规定，领导班子成员分工按规定向上级党委报备，无正当理由、未向上级党委报备不得调整。
10. A，解析：根据《关于新形势下党内政治生活的若干准则》第 8 条第 4 自然段规定，领导干部不得干预曾经工作生活过的地方、曾经工作过的单位和不属于自己分管领域的干部选拔任用工作，有关地方和单位党组织要抵制这种违反党的组织原则的行为。

11. B，解析：根据《关于新形势下党内政治生活的若干准则》第 8 条第 7 自然段规定，坚持惩前毖后、治病救人，正确对待犯错误的干部，帮助其认识和改正错误。

12. D，解析：根据《关于新形势下党内政治生活的若干准则》第 9 条第 3 自然段规定，领导干部要以普通党员身份参加所在党支部或党小组的组织生活，坚持党员领导干部讲党课制度。

13. A，解析：根据《关于新形势下党内政治生活的若干准则》第 11 条第 2 自然段规定，完善权力运行制约和监督机制，形成有权必有责、用权必担责、滥权必追责的制度安排。

14. B，解析：根据《关于新形势下党内政治生活的若干准则》第 12 条第 1 自然段规定，必须筑牢拒腐防变的思想防线和制度防线，着力构建不敢腐、不能腐、不想腐的体制机制，保持党的肌体健康和队伍纯洁。

（三）多项选择题

1. ABC，解析：根据《关于新形势下党内政治生活的若干准则》第 1 条第 2 自然段规定，全党同志必须把对马克思主义的信仰、对社会主义和共产主义的信念作为毕生追求，在改造客观世界的同时不断改造主观世界，解决好世界观、人生观、价值观这个“总开关”问题。

2. ABCD，解析：根据《关于新形势下党内政治生活的若干准则》第 1 条第 2 自然段规定，必须坚定对中国特色社会主义的道路自信、理论自信、制度自信、文化自信。

3. ABCD，解析：根据《关于新形势下党内政治生活的若干准则》第 2 条第 4 自然段规定，全党必须毫不动摇坚持改革开放，发挥群众首创精神，勇于自我革命，勇于推进理论创新、实践创新、制度创新、文化创新以及其他各方面创新。

4. ABCD，解析：根据《关于新形势下党内政治生活的若干准则》第 3 条第 7 自然段规定，全党必须自觉防止和反对个人主义、分散主义、自由主义、本位主义。

5. ABCD，解析：根据《关于新形势下党内政治生活的若干准则》第 5 条第 3 自然段规定，全党必须坚决反对形式主义、官僚主义、享乐主义和奢靡之风，领导干部特别是高级干部要以身作则。

6. BCD，解析：根据《关于新形势下党内政治生活的若干准则》第 7 条第 2 自然段规定，中央委员会、中央政治局、中央政治局常务委员会和党的各级委员会作出重大决策部署，必须深入开展调查研究，广泛听取各方面意见和建议，凝聚智慧和力量，做到科学决策、民主决策、依法决策。

7. AC，解析：根据《关于新形势下党内政治生活的若干准则》第 9 条第 4 自然段规定，上级党组织领导班子成员定期、随机参加下级党组织领导班子民主生活会和组织生活会，发现问题及时纠正。
8. ABC，解析：根据《关于新形势下党内政治生活的若干准则》第 9 条第 5 自然段规定，坚持谈心谈话制度。党组织领导班子成员之间、班子成员和党员之间、党员和党员之间要开展经常性的谈心谈话，坦诚相见，交流思想，交换意见。领导干部要带头谈，也要接受党员、干部约谈。
9. BCD，解析：根据《关于新形势下党内政治生活的若干准则》第 12 条第 5 自然段规定，领导干部特别是高级干部必须注重家庭、家教、家风，教育管理好亲属和身边工作人员。

（四）填空题

1. 党章。（《关于新形势下党内政治生活的若干准则》第 7 自然段）
2. 精神支柱；政治灵魂；思想基础。（《关于新形势下党内政治生活的若干准则》第 1 条第 1 自然段）
3. 四项基本原则；改革开放。（《关于新形势下党内政治生活的若干准则》第 2 条第 1 自然段）
4. 经济建设；党执政兴国。（《关于新形势下党内政治生活的若干准则》第 2 条第 2 自然段）
5. 党中央。（《关于新形势下党内政治生活的若干准则》第 3 条第 3 自然段）
6. 为人民服务；根本要求。（《关于新形势下党内政治生活的若干准则》第 5 条第 1 自然段）
7. 历史创造者。（《关于新形势下党内政治生活的若干准则》第 5 条第 2 自然段）
8. 命令主义；“尾巴主义”。（《关于新形势下党内政治生活的若干准则》第 5 条第 4 自然段）
9. 全局观念；责任意识。（《关于新形势下党内政治生活的若干准则》第 6 条第 3 自然段）
10. 选举人。（《关于新形势下党内政治生活的若干准则》第 7 条第 5 自然段）
11. 失误。（《关于新形势下党内政治生活的若干准则》第 8 条第 7 自然段）

12. 党员标准；入党誓词；个人实际。（《关于新形势下党内政治生活的若干准则》第9条第6自然段）
13. 不受制约；不受监督。（《关于新形势下党内政治生活的若干准则》第11条第1自然段）
14. 清单；制度；阳光。（《关于新形势下党内政治生活的若干准则》第11条第2自然段）
15. 回避。（《关于新形势下党内政治生活的若干准则》第11条第7自然段）

（五）简答题

1. 答：根据《关于新形势下党内政治生活的若干准则》第4自然段规定，新形势下，党内政治生活状况总体是好的。同时，一个时期以来，党内政治生活中也出现了一些突出问题，主要是：在一些党员、干部包括高级干部中，理想信念不坚定、对党不忠诚、纪律松弛、脱离群众、独断专行、弄虚作假、庸懒无为，个人主义、分散主义、自由主义、好人主义、宗派主义、山头主义、拜金主义不同程度存在，形式主义、官僚主义、享乐主义和奢靡之风问题突出，任人唯亲、跑官要官、买官卖官、拉票贿选现象屡禁不止，滥用权力、贪污受贿、腐化堕落、违法乱纪等现象滋生蔓延。特别是高级干部中极少数人政治野心膨胀、权欲熏心，搞阳奉阴违、结党营私、团团伙伙、拉帮结派、谋取权位等政治阴谋活动。这些问题，严重侵蚀党的思想道德基础，严重破坏党的团结和集中统一，严重损害党内政治生态和党的形象，严重影响党和人民事业发展。这就要求我们必须继续以改革创新精神加强党的建设，加强和规范党内政治生活，全面提高党的建设科学化水平。
2. 答：根据《关于新形势下党内政治生活的若干准则》第3条第1自然段规定，坚决维护党中央权威、保证全党令行禁止，是党和国家前途命运所系，是全国各族人民根本利益所在，也是加强和规范党内政治生活的重要目的。

四、中国共产党党内监督条例

（一）判断题

1. 党内监督没有禁区、没有例外。但是信任可以代替监督。（　　）
2. 党内监督的重点对象是党的领导机关和领导干部特别是党的领导机关。（　　）
3. 中央委员会全体会议每年听取中央政治局工作报告，监督中央政治局工作，部署加强党内监督的重大任务。（　　）
4. 中央委员会成员必须严格遵守党的政治纪律和政治规矩，发现其他成员有违反党章、破坏党的纪律、危害党的团结统一的行为应当坚决抵制，并及时向党中央报告。（　　）
5. 党组织主要负责人个人有关事项应当一律公开，主动接受监督。（　　）
6. 发现领导干部有思想、作风、纪律等方面违法性问题的，有关党组织负责人应当及时对其提醒谈话。（　　）
7. 述责述廉报告应当载入廉洁档案，并在一定范围内公开。（　　）
8. 在纪律审查中发现党的领导干部严重违纪涉嫌违法犯罪的，应当先作出党纪处分决定，再移送人民法院处理。（　　）
9. 党组织应当如实记录、集中管理党内监督中发现的问题和线索，及时了解核实，作出相应处理；不属于本级办理范围的应当移送有权限的党组织处理。（　　）
10. 党组织对监督中发现的问题应当做到条条要整改、件件有着落。整改结果应当及时报告上级党组织，必要时可以向下级党组织和党员通报，但不得向社会公开。（　　）

（二）单项选择题

1. 党内监督必须贯彻（　　），依规依纪进行，强化自上而下的组织监督，改进自下而上的民主监督，发挥同级相互监督作用。坚持惩前毖后、治病救人，抓早抓小、防微杜渐。

A. 少数服从多数原则　　B. 民主集中制
C. 首长负责制　　D. 集体负责制

2. 中央政治局(　　)召开民主生活会，进行对照检查和党性分析，研究加强自身建设措施。

A. 每月　　B. 每三个月
C. 每半年　　D. 每年

3. 中央政治局委员应当带头树立良好家风，加强对亲属和身边工作人员的教育和约束，严格要求(　　)不得违规经商办企业，不得违规任职、兼职取酬。

A. 配偶　　B. 子女及其配偶
C. 配偶、子女　　D. 配偶、子女及其配偶

4. 巡视是党内监督的(　　)。

A. 普遍方式　　B. 首要方式
C. 最重要方式　　D. 重要方式

5. 接到对干部(　　)的反映，应当及时找本人核实，谈话提醒、约谈函询，让干部把问题讲清楚。

A. 严重性违纪问题　　B. 一般性违纪问题
C. 严重性违法问题　　D. 一般性违法问题

6. 对于上级党组织交办以及巡视等移交的违纪问题线索，应当及时处理，并在(　　)内反馈办理情况。

A. 15 天　　B. 30 天
C. 3 个月　　D. 6 个月

（三）多项选择题

1. 党内监督必须加强对党组织(　　)的监督。

A. 负责人　　B. 主要负责人
C. 领导干部　　D. 关键岗位领导干部

2. 建立健全党的领导干部插手干预重大事项记录制度，发现利用职务便利违规干预(　　)等问题，应当及时向上级党组织报告。

A. 干部选拔任用　　B. 工程建设

C. 执纪执法　　D. 司法活动

3. 依规依纪进行执纪审查，重点审查(　　)的领导干部。

A. 不收敛不收手

B. 违法犯罪

C. 问题线索反映集中、群众反映强烈

D. 现在重要岗位且可能还要提拔使用

4. 各级纪律检查机关必须加强自身建设，健全内控机制，自觉接受(　　)，确保权力受到严格约束。

A. 国家机关监督　　B. 党内监督

C. 社会监督　　D. 群众监督

（四）填空题

1. 党内监督必须把____挺在前面，运用监督执纪“四种形态”，经常开展____、约谈函询，让“红红脸、出出汗”成为常态。
2. 党的领导干部应当强化____，经常对照党章检查自己的言行，自觉遵守党内政治生活准则、廉洁自律准则，加强____，陶冶道德情操，永葆共产党人____。
3. 党委（党组）在党内监督中负主体责任，____是第一责任人，党委常委会委员（党组成员）和党委委员在职责范围内履行监督职责。
4. 党的领导干部应当经常开展____，敢于正视、深刻剖析、主动改正自己的____。
5. 纪律检查机关必须把维护党的____和____放在首位。
6. 中国共产党同各民主党派____、互相监督、肝胆相照、荣辱与共。各级党组织应当支持民主党派履行____职能，重视民主党派和无党派人士提出的____，完善知情、沟通、反馈、落实等机制。

（五）简答题

1. 简述党内监督的主要内容。
2. 简述党委（党组）应当履行的监督职责。

3. 简述党的各级纪律检查委员会承担的具体任务。
4. 简述党的基层组织应当履行的监督职责。
5. 简述党员应当履行的监督义务。

参考答案

（一）判断题

1. ×，解析：根据《中国共产党党内监督条例》第3条规定，党内监督没有禁区、没有例外。信任不能代替监督。各级党组织应当把信任激励同严格监督结合起来，促使党的领导干部做到有权必有责、有责要担当，用权受监督、失责必追究。
2. ×，解析：根据《中国共产党党内监督条例》第6条规定，党内监督的重点对象是党的领导机关和领导干部特别是主要领导干部。
3. √，解析：根据《中国共产党党内监督条例》第10条规定。
4. √，解析：根据《中国共产党党内监督条例》第12条规定。
5. ×，解析：根据《中国共产党党内监督条例》第17条第3款规定，党组织主要负责人个人有关事项应当在党内一定范围公开，主动接受监督。
6. ×，解析：根据《中国共产党党内监督条例》第21条规定，坚持党内谈话制度，认真开展提醒谈话、诫勉谈话。发现领导干部有思想、作风、纪律等方面苗头性、倾向性问题的，有关党组织负责人应当及时对其提醒谈话。
7. √，解析：根据《中国共产党党内监督条例》第23条规定。
8. ×，解析：根据《中国共产党党内监督条例》第37条第2款规定，在纪律审查中发现党的领导干部严重违纪涉嫌违法犯罪的，应当先作出党纪处分决定，再移送行政机关、司法机关处理。
9. √，解析：根据《中国共产党党内监督条例》第40条规定。
10. ×，解析：根据《中国共产党党内监督条例》第41条第1款规定，党组织对监督中发现的问题应当做到条条要整改、件件有着落。整改结果应当及时报告上级党组织，必要时可以向下级党组织和党员通报，并向社会公开。

（二）单项选择题

1. B，解析：根据《中国共产党党内监督条例》第4条规定，党内监督必须贯彻民主集中制，依规依纪进行，强化自上而下的组织监督，改进自下而上的民主监督，发挥同级相互监督作用。坚持惩前毖后、治病救人，抓早抓小、防微杜渐。

2. D，解析：根据《中国共产党党内监督条例》第 11 条规定，中央政治局每年召开民主生活会，进行对照检查和党性分析，研究加强自身建设措施。
3. D，解析：根据《中国共产党党内监督条例》第 14 条规定，中央政治局委员应当严格执行中央八项规定，自觉参加双重组织生活，如实向党中央报告个人重要事项。带头树立良好家风，加强对亲属和身边工作人员的教育和约束，严格要求配偶、子女及其配偶不得违规经商办企业，不得违规任职、兼职取酬。
4. D，解析：根据《中国共产党党内监督条例》第 19 条规定，巡视是党内监督的重要方式。
5. B，解析：根据《中国共产党党内监督条例》第 31 条规定，接到对干部一般性违纪问题的反映，应当及时找本人核实，谈话提醒、约谈函询，让干部把问题讲清楚。
6. C，解析：根据《中国共产党党内监督条例》第 41 条第 2 款规定，对于上级党组织交办以及巡视等移交的违纪问题线索，应当及时处理，并在 3 个月内反馈办理情况。

（三）多项选择题

1. BD，解析：根据《中国共产党党内监督条例》第 17 条第 1 款规定，党内监督必须加强对党组织主要负责人和关键岗位领导干部的监督，重点监督其政治立场、加强党的建设、从严治党，执行党的决议，公道正派选人用人，责任担当、廉洁自律，落实意识形态工作责任制情况。
2. ABCD，解析：根据《中国共产党党内监督条例》第 25 条规定，建立健全党的领导干部插手干预重大事项记录制度，发现利用职务便利违规干预干部选拔任用、工程建设、执纪执法、司法活动等问题，应当及时向上级党组织报告。
3. ACD，解析：根据《中国共产党党内监督条例》第 32 条规定，依规依纪进行执纪审查，重点审查不收敛不收手，问题线索反映集中、群众反映强烈，现在重要岗位且可能还要提拔使用的领导干部，三类情况同时具备的是重中之重。
4. BCD，解析：根据《中国共产党党内监督条例》第 34 条规定，加强对纪律检查机关的监督。发现纪律检查机关及其工作人员有违反纪律问题的，必须严肃处理。各级纪律检查机关必须加强自身建设，健全内控机制，自觉接受党内监督、社会监督、群众监督，确保权力受到严格约束。

（四）填空题

1. 纪律；批评和自我批评。（《中国共产党党内监督条例》第7条）
2. 自我约束；党性修养；政治本色。（《中国共产党党内监督条例》第8条）
3. 书记。（《中国共产党党内监督条例》第15条）
4. 批评和自我批评；缺点错误。（《中国共产党党内监督条例》第18条）
5. 政治纪律；政治规矩。（《中国共产党党内监督条例》第27条）
6. 长期共存；监督；意见、批评、建议。（《中国共产党党内监督条例》第38条）

（五）简答题

1. 答：根据《中国共产党党内监督条例》第5条第2款规定，党内监督的主要内容是：

（1）遵守党章党规，坚定理想信念，践行党的宗旨，模范遵守宪法法律情况；

（2）维护党中央集中统一领导，牢固树立政治意识、大局意识、核心意识、看齐意识，贯彻落实党的理论和路线方针政策，确保全党令行禁止情况；

（3）坚持民主集中制，严肃党内政治生活，贯彻党员个人服从党的组织，少数服从多数，下级组织服从上级组织，全党各个组织和全体党员服从党的全国代表大会和中央委员会原则情况；

（4）落实全面从严治党责任，严明党的纪律特别是政治纪律和政治规矩，推进党风廉政建设和反腐败工作情况；

（5）落实中央八项规定精神，加强作风建设，密切联系群众，巩固党的执政基础情况；

（6）坚持党的干部标准，树立正确选人用人导向，执行干部选拔任用工作规定情况；

（7）廉洁自律、秉公用权情况；

（8）完成党中央和上级党组织部署的任务情况。

2. 答：根据《中国共产党党内监督条例》第15条规定，党委（党组）履行以下监督职责：

（1）领导本地区本部门本单位党内监督工作，组织实施各项监督制度，抓好督促检查；

（2）加强对同级纪委和所辖范围内纪律检查工作的领导，检查其监督执纪问责工作情况；

（3）对党委常委会委员（党组成员）、党委委员，同级纪委、党的工作部门和直接领导的党组织领导班子及其成员进行监督；

（4）对上级党委、纪委工作提出意见和建议，开展监督。

3. 答：根据《中国共产党党内监督条例》第 26 条规定，党的各级纪律检查委员会是党内监督的专责机关，履行监督执纪问责职责，加强对所辖范围内党组织和领导干部遵守党章党规党纪、贯彻执行党的路线方针政策情况的监督检查，承担下列具体任务：

（1）加强对同级党委特别是常委会委员、党的工作部门和直接领导的党组织、党的领导干部履行职责、行使权力情况的监督；

（2）落实纪律检查工作双重领导体制，执纪审查工作以上级纪委领导为主，线索处置和执纪审查情况在向同级党委报告的同时向上级纪委报告，各级纪委书记、副书记的提名和考察以上级纪委会同组织部门为主；

（3）强化上级纪委对下级纪委的领导，纪委发现同级党委主要领导干部的问题，可以直接向上级纪委报告；下级纪委至少每半年向上级纪委报告 1 次工作，每年向上级纪委进行述职。

4. 答：根据《中国共产党党内监督条例》第 35 条规定，党的基层组织应当发挥战斗堡垒作用，履行下列监督职责：

（1）严格党的组织生活，开展批评和自我批评，监督党员切实履行义务，保障党员权利不受侵犯；

（2）了解党员、群众对党的工作和党的领导干部的批评和意见，定期向上级党组织反映情况，提出意见和建议；

（3）维护和执行党的纪律，发现党员、干部违反纪律问题及时教育或者处理，问题严重的应当向上级党组织报告。

5. 答：根据《中国共产党党内监督条例》第 36 条规定，党员应当本着对党和人民事业高度负责的态度，积极行使党员权利，履行下列监督义务：

（1）加强对党的领导干部的民主监督，及时向党组织反映群众意见和诉求；

（2）在党的会议上有根据地批评党的任何组织和任何党员，揭露和纠正工作中存在的缺点和问题；

（3）参加党组织开展的评议领导干部活动，勇于触及矛盾问题、指出缺点错误，对错误言行敢于较真、敢于斗争；

（4）向党负责地揭发、检举党的任何组织和任何党员违纪违法的事实，坚决反对一切派别活动和小集团活动，同腐败现象作坚决斗争。

五、中国共产党纪律处分条例

（一）判断题

1. 党章是最根本的党内法规，是管党治党的总规矩。党的纪律是党的各级组织和全体党员必须遵守的行为规则。（ ）
2. 党员受到警告处分半年内、受到严重警告处分1年内，不得在党内提升职务和向党外组织推荐担任高于其原任职务的党外职务。（ ）
3. 党员受留党察看处分期间，可以行使选举权和被选举权。（ ）
4. 对于受到改组处理的党组织领导机构成员，除应当受到撤销党内职务以上（含撤销党内职务）处分的外，均自然免职。（ ）
5. 党组织在纪律审查中发现党员严重违纪涉嫌违法犯罪的，必须先作出党纪处分决定，并按照规定给予政务处分后，再移送有关国家机关依法处理。（ ）
6. 违纪党员在党组织作出处分决定前死亡，或者在死亡之后发现其曾有严重违纪行为，可以不予处理。（ ）
7. 落实党中央决策部署不坚决，打折扣、搞变通，在政治上造成不良影响或者严重后果的，给予撤销党内职务处分。（ ）
8. 对信仰宗教的党员，应当加强思想教育，经党组织帮助教育仍没有转变的，予以除名；参与利用宗教搞煽动活动的，给予开除党籍处分。（ ）
9. 违反个人有关事项报告规定，隐瞒不报的，情节较重的，给予警告或者严重警告处分。（ ）
10. 隐瞒入党前严重错误的，应当予以除名。（ ）
11. 违反有关规定取得外国国籍或者获取国（境）外永久居留资格、长期居留许可的，给予严重警告、撤销党内职务、留党察看或者开除党籍处分。（ ）
12. 相互利用职权或者职务上的影响为对方谋取利益搞权权交易的，给予警

告或者严重警告处分；情节较重的，给予撤销党内职务或者留党察看处分；情节严重的，给予开除党籍处分。(　　)

13. 向从事公务的人员赠送礼尚往来的礼品、礼金等财物，给予警告或者严重警告处分；情节严重的，给予撤销党内职务或者留党察看处分。(　　)

14. 借用管理对象的钱款的，给予警告或者严重警告处分；情节严重的，给予撤销党内职务、留党察看或者开除党籍处分。(　　)

15. 党和国家机关违反有关规定经商办企业的，对直接责任者和领导责任者，给予警告或者严重警告处分；情节严重的，给予撤销党内职务处分。(　　)

16. 改变公务行程，借机旅游的，对直接责任者和领导责任者，情节较轻的，给予警告或者严重警告处分；情节较重的，给予撤销党内职务或者留党察看处分；情节严重的，给予开除党籍处分。(　　)

17. 违反会议活动管理规定，到禁止召开会议的风景名胜区开会的，情节较重的，给予警告或者严重警告处分；情节严重的，给予撤销党内职务处分。(　　)

18. 不按照规定公开党务，侵犯群众知情权，对直接责任者和领导责任者，情节较重的，给予警告或者严重警告处分；情节严重的，给予撤销党内职务或者留党察看处分。(　　)

19. 泄露、扩散或者打探、窃取党组织关于干部选拔任用、纪律审查、巡视巡察等尚未公开事项或者其他应当保密的内容的，给予撤销党内职务或者留党察看处分；情节严重的，给予开除党籍处分。(　　)

20. 生活奢靡、贪图享乐、追求低级趣味，造成不良影响的，给予警告或者严重警告处分；情节严重的，给予撤销党内职务处分。(　　)

(二) 单项选择题

1. 党员受到撤销党内职务处分，(　　)内不得在党内担任和向党外组织推荐担任与其原任职务相当或者高于其原任职务的职务。

A. 6个月　　B. 1年

C. 2年　　D. 3年

2. 党员受到开除党籍处分，（　　）内不得重新入党，也不得推荐担任与其原任职务相当或者高于其原任职务的党外职务。

A. 2 年　　B. 3 年
C. 4 年　　D. 5 年

3. 党员被依法（　　）的，党组织应当按照管理权限中止其表决权、选举权和被选举权等党员权利。

A. 传唤　　B. 取保候审
C. 留置、逮捕　　D. 监视居住

4. 执行党纪处分决定的机关或者受处分党员所在单位，应当在（　　）内将处分决定的执行情况向作出或者批准处分决定的机关报告。

A. 1 个月　　B. 3 个月
C. 6 个月　　D. 1 年

5. 在重大原则问题上不同党中央保持一致且有实际言论、行为或者造成不良后果的，可以给予（　　）处分。

A. 严重警告　　B. 撤销党内职务
C. 留党察看　　D. 开除党籍

6. 在党内组织秘密集团或者组织其他分裂党的活动的，给予（　　）处分。

A. 严重警告　　B. 撤销党内职务
C. 留党察看　　D. 开除党籍

7. 对党不忠诚不老实，表里不一，阳奉阴违，欺上瞒下，搞两面派，做两面人，情节较轻的，给予（　　）处分。

A. 严重警告　　B. 撤销党内职务
C. 留党察看　　D. 开除党籍

8. 党员领导干部对违反政治纪律和政治规矩等错误思想和行为（　　），放任不管，搞无原则一团和气，造成不良影响的，给予警告或者严重警告处分；情节严重的，给予撤销党内职务或者留党察看处分。

A. 不申诉、不抵制、不斗争
B. 不报告、不抵制、不斗争
C. 不报告、不申诉、不斗争
D. 不报告、不抵制、不申诉

9. 违反有关规定(　　)，情节较轻的，给予警告或者严重警告处分；情节较重的，给予撤销党内职务处分；情节严重的，给予留党察看处分。

A. 取得外国国籍

B. 获取国（境）外永久居留资格

C. 获取国（境）外长期居留许可

D. 未经批准出入国（边）境

10. 利用职权或者职务上的影响为他人谋取利益，(　　)收受对方财物，情节较重的，给予警告或者严重警告处分；情节严重的，给予撤销党内职务、留党察看或者开除党籍处分。

A. 本人的配偶

B. 本人的配偶、子女

C. 本人的配偶、子女及其配偶

D. 本人的配偶、子女及其配偶等亲属和其他特定关系人

11. 利用职权或者职务上的影响，违反有关规定占用公物归个人使用，时间超过(　　)，情节较重的，给予警告或者严重警告处分；情节严重的，给予撤销党内职务处分。

A. 2 个月　　B. 3 个月

C. 6 个月　　D. 1 年

12. 贯彻(　　)的发展理念不力，对职责范围内的问题失察失责，造成较大损失或者重大损失的，从重或者加重处分。

A. 创新、和谐、绿色、开放、共享

B. 创新、协调、和谐、开放、共享

C. 创新、协调、绿色、和谐、共享

D. 创新、协调、绿色、开放、共享

（三）多项选择题

1. 党组织和党员必须牢固树立(　　)，自觉遵守党章，严格执行和维护党的纪律，自觉接受党的纪律约束，模范遵守国家法律法规。

A. 政治意识　　B. 大局意识

C. 核心意识　　D. 看齐意识

2. 对于严重违犯党的纪律、本身又不能纠正的党组织，上一级党的委员会在查明核实后，根据情节严重的程度，可以予以(　　)。

A. 分立　　B. 合并

C. 改组　　D. 解散

3. 党组织在纪律审查中发现党员有贪污贿赂、滥用职权、玩忽职守、权力寻租、利益输送、徇私舞弊、浪费国家资财等违反法律涉嫌犯罪行为的，应当给予(　　)处分。

A. 严重警告　　B. 撤销党内职务

C. 留党察看　　D. 开除党籍

4. 不按照有关规定向组织请示、报告重大事项，情节较重的，给予警告或者严重警告处分；情节严重的，给予(　　)处分。

A. 严重警告　　B. 撤销党内职务

C. 留党察看　　D. 开除党籍

5. 组织、参加反对党的基本理论、基本路线、基本方略或者重大方针政策的集会、游行、示威等活动的，或者以组织讲座、论坛、报告会、座谈会等方式，反对党的基本理论、基本路线、基本方略或者重大方针政策，造成严重不良影响的，对(　　)，给予开除党籍处分。

A. 策划者

B. 组织者

C. 骨干分子

D. 以提供信息、资料、财物、场地等方式支持活动情节较重的人

6. 在涉外活动中，其言行在政治上造成恶劣影响，损害党和国家(　　)的，给予撤销党内职务或者留党察看处分；情节严重的，给予开除党籍处分。

A. 尊严　　B. 利益

C. 权利　　D. 主权

7. 在特殊时期或者紧急状况下，拒不执行党组织决定的，给予(　　)处分。

A. 严重警告　　B. 撤销党内职务

C. 留党察看　　D. 开除党籍

8. 以(　　)等手段，妨害党员自主行使表决权、选举权和被选举权的，给予撤销党内职务、留党察看或者开除党籍处分。

A. 强迫　　B. 威胁

C. 欺骗　　D. 拉拢

9. 收受可能影响公正执行公务的(　　)等财物，情节较轻的，给予警告或者严重警告处分；情节较重的，给予撤销党内职务或者留党察看处分；情节严重的，给予开除党籍处分。

A. 礼品、礼金　　B. 消费卡

C. 有价证券　　D. 股权

10. 违反有关规定取得运动健身卡、俱乐部会员卡、高尔夫球卡等各种消费卡，情节较重的，给予警告或者严重警告处分；情节严重的，给予(　　)处分。

A. 严重警告　　B. 撤销党内职务

C. 留党察看　　D. 开除党籍

11. 在(　　)住房中侵犯国家、集体利益，情节较轻的，给予警告或者严重警告处分；情节较重的，给予撤销党内职务或者留党察看处分；情节严重的，给予开除党籍处分。

A. 出租　　B. 承租

C. 分配　　D. 购买

12. 违反有关规定(　　)等，对直接责任者和领导责任者，情节较轻的，给予警告或者严重警告处分；情节较重的，给予撤销党内职务或者留党察看处分；情节严重的，给予开除党籍处分。

A. 自定薪酬　　B. 滥发津贴

C. 滥发补贴　　D. 滥发奖金

13. 违反有关规定(　　)、使用公务交通工具或者有其他违反公务交通工具管理规定的行为，对直接责任者和领导责任者，情节较重的，给予警告或者严重警告处分；情节严重的，给予撤销党内职务或者留党察看处分。

A. 配备　　B. 购买

C. 更换　　D. 装饰

14. 在(　　)等事项中优亲厚友、明显有失公平的，给予警告或者严重警告处分；情节较重的，给予撤销党内职务或者留党察看处分；情节严重的，给予开除党籍处分。

A. 社会保障　　　　B. 政策扶持

C. 扶贫脱贫　　　　D. 救灾救济款物分配

15. 在考试、录取工作中，有(　　)等违反有关规定行为的，给予警告或者严重警告处分；情节较重的，给予撤销党内职务或者留党察看处分；情节严重的，给予开除党籍处分。

A. 泄露试题　　　　B. 考场舞弊

C. 涂改考卷　　　　D. 违规录取

(四) 填空题

1. 为了维护____和其他党内法规，严肃党的____，纯洁党的____，保障党员民主权利，教育党员遵纪守法，维护党的____，保证党的路线、方针、政策、决议和国家法律法规的贯彻执行，根据《中国共产党章程》，制定本条例。
2. 运用监督执纪“四种形态”，经常开展____、____，让“红红脸、出出汗”成为常态。
3. 重点查处党的____以来不收敛、不收手，问题线索反映集中、群众反映强烈，政治问题和经济问题交织的____，违反____精神的问题。
4. 留党察看处分，分为留党察看____、留党察看____。留党察看期限最长不得超过____。
5. 党组织在纪律审查中发现党员有刑法规定的行为，虽不构成犯罪但须追究____责任的，或者有其他违法行为，损害党、国家和人民利益的，应当视具体情节给予____直至开除党籍处分。
6. 党员犯罪情节轻微，人民检察院依法作出____决定的，或者人民法院依法作出有罪判决并____的，应当给予撤销党内职务、____或者开除党籍处分。
7. 预备党员违犯党纪，情节较轻，可以____预备党员资格的，党组织应当对其批评教育或者____预备期；情节较重的，应当取消其预备党员资格。
8. 对于违纪行为所获得的经济利益，应当____或者责令____。
9. 在党内搞团团伙伙、____、拉帮结派、培植个人势力等非组织活动的，给予____或者撤销党内职务处分。

10. ____巡视巡察工作或者____巡视巡察整改要求，情节较轻的，给予警告或者____处分。
11. 组织、参加旨在反对____、反对社会主义制度或者____政府等组织的，对策划者、组织者和骨干分子，给予____处分。
12. 从事、参与____民族关系制造事端或者参加____活动的，对策划者、组织者和骨干分子，给予开除党籍处分。
13. 组织、利用____对抗党和政府，妨碍党和国家的方针政策以及决策部署的实施，或者破坏党的____建设的，对策划者、组织者和骨干分子，给予开除党籍处分。
14. 党员领导干部违反有关规定组织、参加____成立的____、校友会、____等，情节严重的，给予警告、严重警告或者撤销党内职务处分。
15. 侵犯党员的____、选举权和被选举权，情节较重的，给予警告或者严重警告处分；情节严重的，给予____处分。
16. 违反党章和其他党内法规的规定，采取____或者其他手段把____党员条件的人发展为党员，或者为____出具党员身份证明的，对直接责任者和领导责任者，给予警告或者严重警告处分；情节严重的，给予撤销党内职务处分。
17. 纵容、____配偶、子女及其配偶等亲属、____和其他特定关系人利用党员干部本人职权或者____的影响谋取私利，情节较轻的，给予警告或者严重警告处分；情节较重的，给予撤销党内职务或者留党察看处分；情节严重的，给予开除党籍处分。
18. 利用职权或者职务上的影响操办____事宜，在社会上造成不良影响的，给予警告或者严重警告处分；情节严重的，给予撤销党内职务处分；____或者有其他侵犯国家、集体和人民利益行为的，从重或者加重处分，直至开除党籍。
19. 党员领导干部____或者退（离）休后违反有关规定担任____、基金管理公司____、独立监事等职务，情节较轻的，给予警告或者严重警告处分；情节较重的，给予撤销党内职务处分；情节严重的，给予留党察看处分。
20. 利用职权或者职务上的影响，侵占____的公私财物，或者以____地支付钱款等方式侵占公私财物，情节较轻的，给予警告或者严重警告处分；情节较重的，给予撤销党内职务或者留党察看处分；情节严重的，给予开除党籍处分。

21. 违反公务接待管理规定，____、超范围接待或者借机大吃大喝，对直接责任者和领导责任者，情节较重的，给予警告或者严重警告处分；情节严重的，给予____处分。
22. 干涉生产经营____，致使群众财产遭受____的，对直接责任者和领导责任者，给予警告或者严重警告处分；情节严重的，给予撤销党内职务或者留党察看处分。
23. 利用____或者黑恶势力等____群众，或纵容涉黑涉恶活动、为黑恶势力充当____的，给予撤销党内职务或者留党察看处分；情节严重的，给予开除党籍处分。
24. 遇到国家财产和群众生命财产受到____威胁时，____，情节较重的，给予警告、严重警告或者撤销党内职务处分；情节严重的，给予留党察看或者开除党籍处分。
25. 因工作不负责任致使所管理的人员____的，对直接责任者和领导责任者，给予警告或者严重警告处分；情节严重的，给予撤销党内职务处分。

（五）简答题

1. 简述党的纪律处分工作应当坚持的原则。
2. 简述对党员的纪律处分的种类。
3. 简述可以从轻或者减轻处分的情形。
4. 简述党员犯罪应当给予开除党籍处分的情形。
5. 简述对违纪后下落不明的党员的处理。
6. 简述对抗组织审查应给予处分的行为。
7. 简述违反有关规定从事营利活动应给予处分的行为。

参考答案

（一）判断题

1. √，解析：根据《中国共产党纪律处分条例》第 3 条规定。
2. ×，解析：根据《中国共产党纪律处分条例》第 10 条规定，党员受到警告处分 1 年内、受到严重警告处分 1 年半内，不得在党内提升职务和向党外组织推荐担任高于其原任职务的党外职务。
3. ×，解析：根据《中国共产党纪律处分条例》第 12 条第 2 款规定，党员受留党察看处分期间，没有表决权、选举权和被选举权。留党察看期间，确有悔改表现的，期满后恢复其党员权利；坚持不改或者又发现其他应当受到党纪处分的违纪行为的，应当开除党籍。
4. √，解析：根据《中国共产党纪律处分条例》第 15 条规定。
5. ×，解析：根据《中国共产党纪律处分条例》第 29 条规定，党组织在纪律审查中发现党员严重违纪涉嫌违法犯罪的，原则上先作出党纪处分决定，并按照规定给予政务处分后，再移送有关国家机关依法处理。
6. ×，解析：根据《中国共产党纪律处分条例》第 36 条规定，违纪党员在党组织作出处分决定前死亡，或者在死亡之后发现其曾有严重违纪行为，对于应当给予开除党籍处分的，开除其党籍；对于应当给予留党察看以下（含留党察看）处分的，作出违犯党纪的书面结论和相应处理。
7. ×，解析：根据《中国共产党纪律处分条例》第 50 条第 2 款规定，落实党中央决策部署不坚决，打折扣、搞变通，在政治上造成不良影响或者严重后果的，给予警告或者严重警告处分；情节严重的，给予撤销党内职务、留党察看或者开除党籍处分。
8. ×，解析：根据《中国共产党纪律处分条例》第 62 条规定，对信仰宗教的党员，应当加强思想教育，经党组织帮助教育仍没有转变的，应当劝其退党；劝而不退的，予以除名；参与利用宗教搞煽动活动的，给予开除党籍处分。
9. √，解析：根据《中国共产党纪律处分条例》第 73 条第 1 款规定。
10. ×，解析：根据《中国共产党纪律处分条例》第 73 条第 3 款规定，隐瞒入党前严重错误的，一般应当予以除名；对入党后表现尚好的，给予严重警告、撤销党内职务或者留党察看处分。
11. ×，解析：根据《中国共产党纪律处分条例》第 81 条规定，违反有关规定取得外国国籍或者获取国（境）外永久居留资格、长期居留许可的，给予撤销党内职务、留党察看或者开除党籍处分。

12. √，解析：根据《中国共产党纪律处分条例》第 86 条规定。

13. ×，解析：根据《中国共产党纪律处分条例》第 89 条规定，向从事公务的人员及其配偶、子女及其配偶等亲属和其他特定关系人赠送明显超出正常礼尚往来的礼品、礼金、消费卡和有价证券、股权、其他金融产品等财物，情节较重的，给予警告或者严重警告处分；情节严重的，给予撤销党内职务或者留党察看处分。

14. ×，解析：根据《中国共产党纪律处分条例》第 90 条规定，借用管理和服务对象的钱款、住房、车辆等，影响公正执行公务，情节较重的，给予警告或者严重警告处分；情节严重的，给予撤销党内职务、留党察看或者开除党籍处分。

15. √，解析：根据《中国共产党纪律处分条例》第 98 条规定。

16. √，解析：根据《中国共产党纪律处分条例》第 105 条规定。

17. ×，解析：根据《中国共产党纪律处分条例》第 108 条第 1 款规定，违反会议活动管理规定，有下列行为之一，对直接责任者和领导责任者，情节较重的，给予警告或者严重警告处分；情节严重的，给予撤销党内职务处分：（1）到禁止召开会议的风景名胜区开会的；（2）决定或者批准举办各类节会、庆典活动的。

18. √，解析：根据《中国共产党纪律处分条例》第 119 条规定。

19. ×，解析：根据《中国共产党纪律处分条例》第 128 条第 1 款规定，泄露、扩散或者打探、窃取党组织关于干部选拔任用、纪律审查、巡视巡察等尚未公开事项或者其他应当保密的内容的，给予警告或者严重警告处分；情节较重的，给予撤销党内职务或者留党察看处分；情节严重的，给予开除党籍处分。

20. √，解析：根据《中国共产党纪律处分条例》第 134 条规定。

（二）单项选择题

1. C，解析：根据《中国共产党纪律处分条例》第 11 条第 3 款规定，党员受到撤销党内职务处分，或者依照前款规定受到严重警告处分的，2 年内不得在党内担任和向党外组织推荐担任与其原任职务相当或者高于其原任职务的职务。

2. D，解析：根据《中国共产党纪律处分条例》第 13 条规定，党员受到开除党籍处分，5 年内不得重新入党，也不得推荐担任与其原任职务相当或者高于其原任职务的党外职务。另有规定不准重新入党的，依照规定。

3. C，解析：根据《中国共产党纪律处分条例》第 30 条规定，党员被依法留置、逮捕的，党组织应当按照管理权限中止其表决权、选举权和被选举权等党员权利。根据监察机关、司法机关处理结果，可以恢复其党员权利的，应当及时予以恢复。
4. C，解析：根据《中国共产党纪律处分条例》第 42 条第 1 款规定，执行党纪处分决定的机关或者受处分党员所在单位，应当在 6 个月内将处分决定的执行情况向作出或者批准处分决定的机关报告。
5. A，解析：根据《中国共产党纪律处分条例》第 44 条规定，在重大原则问题上不同党中央保持一致且有实际言论、行为或者造成不良后果的，给予警告或者严重警告处分；情节较重的，给予撤销党内职务或者留党察看处分；情节严重的，给予开除党籍处分。
6. D，解析：根据《中国共产党纪律处分条例》第 48 条第 1 款规定，在党内组织秘密集团或者组织其他分裂党的活动的，给予开除党籍处分。
7. A，解析：根据《中国共产党纪律处分条例》第 51 条规定，对党不忠诚不老实，表里不一，阳奉阴违，欺上瞒下，搞两面派，做两面人，情节较轻的，给予警告或者严重警告处分；情节较重的，给予撤销党内职务或者留党察看处分；情节严重的，给予开除党籍处分。
8. B，解析：根据《中国共产党纪律处分条例》第 68 条规定，党员领导干部对违反政治纪律和政治规矩等错误思想和行为不报告、不抵制、不斗争，放任不管，搞无原则一团和气，造成不良影响的，给予警告或者严重警告处分；情节严重的，给予撤销党内职务或者留党察看处分。
9. D，解析：根据《中国共产党纪律处分条例》第 82 条规定，违反有关规定办理因私出国（境）证件、前往港澳通行证，或者未经批准出入国（边）境，情节较轻的，给予警告或者严重警告处分；情节较重的，给予撤销党内职务处分；情节严重的，给予留党察看处分。
10. D，解析：根据《中国共产党纪律处分条例》第 85 条第 2 款规定，利用职权或者职务上的影响为他人谋取利益，本人的配偶、子女及其配偶等亲属和其他特定关系人收受对方财物，情节较重的，给予警告或者严重警告处分；情节严重的，给予撤销党内职务、留党察看或者开除党籍处分。
11. C，解析：根据《中国共产党纪律处分条例》第 102 条第 1 款规定，利用职权或者职务上的影响，违反有关规定占用公物归个人使用，时间超过 6 个月，情节较重的，给予警告或者严重警告处分；情节严重的，给予撤销党内职务处分。

12. D，解析：根据《中国共产党纪律处分条例》第121条规定，工作中不负责任或者疏于管理，贯彻执行、检查督促落实上级决策部署不力，给党、国家和人民利益以及公共财产造成较大损失的，对直接责任者和领导责任者，给予警告或者严重警告处分；造成重大损失的，给予撤销党内职务、留党察看或者开除党籍处分。贯彻创新、协调、绿色、开放、共享的发展理念不力，对职责范围内的问题失察失责，造成较大损失或者重大损失的，从重或者加重处分。

（三）多项选择题

1. ABCD，解析：根据《中国共产党纪律处分条例》第3条规定，党组织和党员必须牢固树立政治意识、大局意识、核心意识、看齐意识，自觉遵守党章，严格执行和维护党的纪律，自觉接受党的纪律约束，模范遵守国家法律法规。
2. CD，解析：根据《中国共产党纪律处分条例》第9条规定，对于严重违犯党的纪律、本身又不能纠正的党组织，上一级党的委员会在查明核实后，根据情节严重的程度，可以予以：（1）改组；（2）解散。
3. BCD，解析：根据《中国共产党纪律处分条例》第27条规定，党组织在纪律审查中发现党员有贪污贿赂、滥用职权、玩忽职守、权力寻租、利益输送、徇私舞弊、浪费国家资财等违反法律涉嫌犯罪行为的，应当给予撤销党内职务、留党察看或者开除党籍处分。
4. BC，解析：根据《中国共产党纪律处分条例》第54条规定，不按照有关规定向组织请示、报告重大事项，情节较重的，给予警告或者严重警告处分；情节严重的，给予撤销党内职务或者留党察看处分。
5. ABC，解析：根据《中国共产党纪律处分条例》第57条规定，组织、参加反对党的基本理论、基本路线、基本方略或者重大方针政策的集会、游行、示威等活动的，或者以组织讲座、论坛、报告会、座谈会等方式，反对党的基本理论、基本路线、基本方略或者重大方针政策，造成严重不良影响的，对策划者、组织者和骨干分子，给予开除党籍处分。对其他参加人员或者以提供信息、资料、财物、场地等方式支持上述活动者，情节较轻的，给予警告或者严重警告处分；情节较重的，给予撤销党内职务或者留党察看处分；情节严重的，给予开除党籍处分。
6. AB，解析：根据《中国共产党纪律处分条例》第66条规定，在涉外活动中，其言行在政治上造成恶劣影响，损害党和国家尊严、利益的，给予撤销党内职务或者留党察看处分；情节严重的，给予开除党籍处分。

7. CD，解析：根据《中国共产党纪律处分条例》第 72 条规定，拒不执行党组织的分配、调动、交流等决定的，给予警告、严重警告或者撤销党内职务处分。在特殊时期或者紧急状况下，拒不执行党组织决定的，给予留党察看或者开除党籍处分。
8. ABCD，解析：根据《中国共产党纪律处分条例》第 78 条第 2 款规定，以强迫、威胁、欺骗、拉拢等手段，妨害党员自主行使表决权、选举权和被选举权的，给予撤销党内职务、留党察看或者开除党籍处分。
9. ABCD，解析：根据《中国共产党纪律处分条例》第 88 条第 1 款规定，收受可能影响公正执行公务的礼品、礼金、消费卡和有价证券、股权、其他金融产品等财物，情节较轻的，给予警告或者严重警告处分；情节较重的，给予撤销党内职务或者留党察看处分；情节严重的，给予开除党籍处分。
10. BC，解析：根据《中国共产党纪律处分条例》第 93 条规定，违反有关规定取得、持有、实际使用运动健身卡、会所和俱乐部会员卡、高尔夫球卡等各种消费卡，或者违反有关规定出入私人会所，情节较重的，给予警告或者严重警告处分；情节严重的，给予撤销党内职务或者留党察看处分。
11. CD，解析：根据《中国共产党纪律处分条例》第 100 条规定，在分配、购买住房中侵犯国家、集体利益，情节较轻的，给予警告或者严重警告处分；情节较重的，给予撤销党内职务或者留党察看处分；情节严重的，给予开除党籍处分。
12. ABCD，解析：根据《中国共产党纪律处分条例》第 104 条规定，违反有关规定自定薪酬或者滥发津贴、补贴、奖金等，对直接责任者和领导责任者，情节较轻的，给予警告或者严重警告处分；情节较重的，给予撤销党内职务或者留党察看处分；情节严重的，给予开除党籍处分。
13. ABCD，解析：根据《中国共产党纪律处分条例》第 107 条规定，违反有关规定配备、购买、更换、装饰、使用公务交通工具或者有其他违反公务交通工具管理规定的行为，对直接责任者和领导责任者，情节较重的，给予警告或者严重警告处分；情节严重的，给予撤销党内职务或者留党察看处分。
14. ABCD，解析：根据《中国共产党纪律处分条例》第 114 条规定，在社会保障、政策扶持、扶贫脱贫、救灾救济款物分配等事项中优亲厚友、明显有失公平的，给予警告或者严重警告处分；情节较重的，给予撤销党内职务或者留党察看处分；情节严重的，给予开除党籍处分。

15. ABCD，解析：根据《中国共产党纪律处分条例》第 129 条规定，在考试、录取工作中，有泄露试题、考场舞弊、涂改考卷、违规录取等违反有关规定行为的，给予警告或者严重警告处分；情节较重的，给予撤销党内职务或者留党察看处分；情节严重的，给予开除党籍处分。

（四）填空题

1. 党章；纪律；组织；团结统一。（《中国共产党纪律处分条例》第 1 条）
2. 批评和自我批评；约谈函询。（《中国共产党纪律处分条例》第 5 条）
3. 十八大；腐败案件；中央八项规定。（《中国共产党纪律处分条例》第 7 条第 2 款）
4. 1 年；2 年；2 年。（《中国共产党纪律处分条例》第 12 条）
5. 党纪；警告。（《中国共产党纪律处分条例》第 28 条）
6. 不起诉；免予刑事处罚；留党察看。（《中国共产党纪律处分条例》第 31 条）
7. 保留；延长。（《中国共产党纪律处分条例》第 34 条）
8. 收缴；退赔。（《中国共产党纪律处分条例》第 40 条）
9. 结党营私；严重警告。（《中国共产党纪律处分条例》第 49 条）
10. 干扰；不落实；严重警告。（《中国共产党纪律处分条例》第 55 条）
11. 党的领导；敌视；开除党籍。（《中国共产党纪律处分条例》第 58 条）
12. 挑拨破坏；民族分裂。（《中国共产党纪律处分条例》第 60 条）
13. 宗族势力；基层组织。（《中国共产党纪律处分条例》第 64 条）
14. 自发；老乡会；战友会。（《中国共产党纪律处分条例》第 74 条）
15. 表决权；撤销党内职务。（《中国共产党纪律处分条例》第 78 条）
16. 弄虚作假；不符合；非党员。（《中国共产党纪律处分条例》第 80 条）
17. 默许；身边工作人员；职务上。（《中国共产党纪律处分条例》第 87 条）
18. 婚丧喜庆；借机敛财。（《中国共产党纪律处分条例》第 91 条）
19. 离职；上市公司；独立董事。（《中国共产党纪律处分条例》第 96 条）
20. 非本人经管；象征性。（《中国共产党纪律处分条例》第 101 条）
21. 超标准；撤销党内职务。（《中国共产党纪律处分条例》第 106 条）
22. 自主权；较大损失。（《中国共产党纪律处分条例》第 113 条）
23. 宗族；欺压；“保护伞”。（《中国共产党纪律处分条例》第 115 条）
24. 严重；能救而不救。（《中国共产党纪律处分条例》第 118 条）
25. 叛逃。（《中国共产党纪律处分条例》第 124 条）

（五）简答题

1. 答：根据《中国共产党纪律处分条例》第 4 条规定，党的纪律处分工作应当坚持以下原则：

   （1）坚持党要管党、全面从严治党。加强对党的各级组织和全体党员的教育、管理和监督，把纪律挺在前面，注重抓早抓小、防微杜渐。

   （2）党纪面前一律平等。对违犯党纪的党组织和党员必须严肃、公正执行纪律，党内不允许有任何不受纪律约束的党组织和党员。

   （3）实事求是。对党组织和党员违犯党纪的行为，应当以事实为依据，以党章、其他党内法规和国家法律法规为准绳，准确认定违纪性质，区别不同情况，恰当予以处理。

   （4）民主集中制。实施党纪处分，应当按照规定程序经党组织集体讨论决定，不允许任何个人或者少数人擅自决定和批准。上级党组织对违犯党纪的党组织和党员作出的处理决定，下级党组织必须执行。

   （5）惩前毖后、治病救人。处理违犯党纪的党组织和党员，应当实行惩戒与教育相结合，做到宽严相济。

2. 答：根据《中国共产党纪律处分条例》第 8 条规定，对党员的纪律处分种类：（1）警告；（2）严重警告；（3）撤销党内职务；（4）留党察看；（5）开除党籍。

3. 答：根据《中国共产党纪律处分条例》第 17 条规定，有下列情形之一的，可以从轻或者减轻处分：（1）主动交代本人应当受到党纪处分的问题的；（2）在组织核实、立案审查过程中，能够配合核实审查工作，如实说明本人违纪违法事实的；（3）检举同案人或者其他人应当受到党纪处分或者法律追究的问题，经查证属实的；（4）主动挽回损失、消除不良影响或者有效阻止危害结果发生的；（5）主动上交违纪所得的；（6）有其他立功表现的。

   第 18 条规定，根据案件的特殊情况，由中央纪委决定或者经省（部）级纪委（不含副省级市纪委）决定并呈报中央纪委批准，对违纪党员也可以在本条例规定的处分幅度以外减轻处分。

4. 答：根据《中国共产党纪律处分条例》第 32 条规定，党员犯罪，有下列情形之一的，应当给予开除党籍处分：（1）因故意犯罪被依法判处刑法规定的主刑（含宣告缓刑）的；（2）被单处或者附加剥夺政治权利的；（3）因过失犯罪，被依法判处 3 年以上（不含 3 年）有期徒刑的。因过失犯罪被判处 3 年以下（含 3 年）有期徒刑或者被判处管制、拘役的，一般应当开除党籍。对于个别可以不开除党籍的，应当对照处分党员批准权限的规定，报请再上一级党组织批准。

5. 答：根据《中国共产党纪律处分条例》第35条规定，对违纪后下落不明的党员，应当区别情况作出处理：（1）对有严重违纪行为，应当给予开除党籍处分的，党组织应当作出决定，开除其党籍；（2）除前项规定的情况外，下落不明时间超过6个月的，党组织应当按照党章规定对其予以除名。

6. 答：根据《中国共产党纪律处分条例》第56条规定，对抗组织审查，有下列行为之一的，给予警告或者严重警告处分；情节较重的，给予撤销党内职务或者留党察看处分；情节严重的，给予开除党籍处分：（1）串供或者伪造、销毁、转移、隐匿证据的；（2）阻止他人揭发检举、提供证据材料的；（3）包庇同案人员的；（4）向组织提供虚假情况，掩盖事实的；（5）有其他对抗组织审查行为的。

7. 答：根据《中国共产党纪律处分条例》第94条第1款规定，违反有关规定从事营利活动，有下列行为之一，情节较轻的，给予警告或者严重警告处分；情节较重的，给予撤销党内职务或者留党察看处分；情节严重的，给予开除党籍处分：（1）经商办企业的；（2）拥有非上市公司（企业）的股份或者证券的；（3）买卖股票或者进行其他证券投资的；（4）从事有偿中介活动的；（5）在国（境）外注册公司或者投资入股的；（6）有其他违反有关规定从事营利活动的。

六、中国共产党问责条例

（一）判断题

1. 问责对象是党组织、党的领导干部，重点是党委（党组）、党的工作机关及其领导成员，纪委、纪委派驻（派出）机构及其领导成员。(　　)
2. 问责应当分清责任。党组织领导班子在职责范围内负有主要领导责任。(　　)
3. 党的领导干部违反党章和其他党内法规，不履行或者不正确履行职责，有党的纪律建设抓得不严，维护党的政治纪律、组织纪律、廉洁纪律、群众纪律、工作纪律、生活纪律不力，导致违规违纪行为多发，造成恶劣影响的，应当予以问责。(　　)
4. 问责方式，只能单独使用。(　　)
5. 根据问题性质或者工作需要，上级党组织可以直接启动问责调查，也可以指定其他党组织启动。(　　)
6. 对被立案审查的党组织、党的领导干部问责的，需另行启动问责调查程序。(　　)
7. 需要对问责对象作出政务处分或者其他处理的，作出问责决定的党组织应当通报相关单位，相关单位应当及时处理并将结果通报或者报告作出问责决定的党组织。(　　)
8. 实行终身问责，对失职失责性质恶劣、后果严重的，不论其责任人是否调离转岗、提拔等，都应当严肃问责。但是已退休的除外。(　　)
9. 申诉期间，停止问责决定的执行。(　　)
10. 正确对待被问责干部，对影响期满、表现好的干部，符合条件的，按照干部选拔任用有关规定正常使用。(　　)

（二）单项选择题

1. 问责决定应当由有管理权限的(　　)作出。

A. 党组织
B. 党组织负责人
C. 党的领导干部
D. 党委

2. 问责对象对问责决定不服的，可以自收到问责决定之日起(　　)内，向作出问责决定的党组织提出书面申诉。

A. 15 天
B. 1 个月
C. 2 个月
D. 3 个月

(三) 多项选择题

1. 党委（党组）应当履行全面从严治党主体责任，加强对本地区本部门本单位问责工作的领导，追究在党的建设、党的事业中失职失责党组织和党的领导干部的(　　)。

A. 主体责任
B. 监督责任
C. 领导责任
D. 法律责任

2. 对党的领导干部的问责，根据危害程度以及具体情况，可以采取的方式有：(　　)

A. 通报
B. 诫勉
C. 组织调整或者组织处理
D. 纪律处分

3. 调查工作结束后，调查组应当集体讨论，形成调查报告，列明(　　)，由调查组组长以及有关人员签名后，履行审批手续。

A. 调查对象基本情况、调查依据、调查过程
B. 问责事实
C. 调查对象的态度、认识及其申辩
D. 处理意见以及依据

4. 建立健全问责典型问题通报曝光制度，采取(　　)方式问责的，应当以适当方式公开。

A. 通报
B. 诫勉
C. 组织调整或者组织处理
D. 纪律处分

(四) 填空题

1. 党组织和党的领导干部应当坚持把____摆进去、把____摆进去、把____

摆进去，注重从自身找问题、查原因，勇于担当、敢于负责，不得向下级党组织和干部推卸责任。

2. 纪委、党的工作机关对____党委直接领导的党组织及其主要负责人启动问责调查，应当报同级党委主要负责人____。
3. 启动问责调查后，应当组成____，依规依纪依法开展调查。
4. 对同级党委直接领导的党组织，纪委和党的工作机关报经同级党委或者其主要负责人批准，可以采取____、____方式进行问责。
5. 被问责党组织、被问责领导干部及其所在党组织应当深刻汲取教训，明确____。作出问责决定的党组织应当加强督促检查，推动____。

（五）简答题

1. 简述党的问责工作应当坚持的原则。
2. 简述对党组织的问责可以采取的方式。
3. 简述可以不予问责或者免予问责的情形。
4. 简述可以从轻或者减轻问责的情形。

参考答案

（一）判断题

1. √，解析：根据《中国共产党问责条例》第 5 条规定。
2. ×，解析：根据《中国共产党问责条例》第 6 条第 1 款规定，问责应当分清责任。党组织领导班子在职责范围内负有全面领导责任，领导班子主要负责人和直接主管的班子成员在职责范围内承担主要领导责任，参与决策和工作的班子成员在职责范围内承担重要领导责任。
3. √，解析：根据《中国共产党问责条例》第 7 条规定。
4. ×，解析：根据《中国共产党问责条例》第 8 条第 3 款规定，问责方式，可以单独使用，也可以依据规定合并使用。问责方式有影响期的，按照有关规定执行。
5. √，解析：根据《中国共产党问责条例》第 9 条规定。
6. ×，解析：根据《中国共产党问责条例》第 9 条第 3 款规定，对被立案审查的党组织、党的领导干部问责的，不再另行启动问责调查程序。

7. √，解析：根据《中国共产党问责条例》第 15 条规定。

8. ×，解析：根据《中国共产党问责条例》第 16 条规定，实行终身问责，对失职失责性质恶劣、后果严重的，不论其责任人是否调离转岗、提拔或者退休等，都应当严肃问责。

9. ×，解析：根据《中国共产党问责条例》第 20 条第 2 款规定，申诉期间，不停止问责决定的执行。

10. √，解析：根据《中国共产党问责条例》第 22 条规定。

（二）单项选择题

1. A，解析：根据《中国共产党问责条例》第 12 条第 1 款规定，问责决定应当由有管理权限的党组织作出。

2. B，解析：根据《中国共产党问责条例》第 20 条第 1 款规定，问责对象对问责决定不服的，可以自收到问责决定之日起 1 个月内，向作出问责决定的党组织提出书面申诉。作出问责决定的党组织接到书面申诉后，应当在 1 个月内作出申诉处理决定，并以书面形式告知提出申诉的党组织、领导干部及其所在党组织。

（三）多项选择题

1. ABC，解析：根据《中国共产党问责条例》第 4 条第 1 款规定，党委（党组）应当履行全面从严治党主体责任，加强对本地区本部门本单位问责工作的领导，追究在党的建设、党的事业中失职失责党组织和党的领导干部的主体责任、监督责任、领导责任。

2. ABCD，解析：根据《中国共产党问责条例》第 8 条第 2 款规定，对党的领导干部的问责，根据危害程度以及具体情况，可以采取以下方式：（1）通报。进行严肃批评，责令作出书面检查、切实整改，并在一定范围内通报。（2）诫勉。以谈话或者书面方式进行诫勉。（3）组织调整或者组织处理。对失职失责、危害较重，不适宜担任现职的，应当根据情况采取停职检查、调整职务、责令辞职、免职、降职等措施。（4）纪律处分。对失职失责、危害严重，应当给予纪律处分的，依照《中国共产党纪律处分条例》追究纪律责任。

3. ABCD，解析：根据《中国共产党问责条例》第 11 条第 2 款规定，调查工作结束后，调查组应当集体讨论，形成调查报告，列明调查对象基本情况、调查依据、调查过程，问责事实，调查对象的态度、认识及其申辩，处理意见以及依据，由调查组组长以及有关人员签名后，履行审批手续。

4. CD，解析：根据《中国共产党问责条例》第 13 条第 2 款规定，被问责领导干部应当向作出问责决定的党组织写出书面检讨，并在民主生活会、组织生活会或者党的其他会议上作出深刻检查。建立健全问责典型问题通报曝光制度，采取组织调整或者组织处理、纪律处分方式问责的，应当以适当方式公开。

（四）填空题

1. 自己；职责；工作。（《中国共产党问责条例》第 6 条）
2. 同级；批准。（《中国共产党问责条例》第 9 条）
3. 调查组。（《中国共产党问责条例》第 10 条）
4. 检查；通报。（《中国共产党问责条例》第 12 条）
5. 整改措施；以案促改。（《中国共产党问责条例》第 14 条）

（五）简答题

1. 答：根据《中国共产党问责条例》第 3 条规定，党的问责工作应当坚持以下原则：（1）依规依纪、实事求是；（2）失责必问、问责必严；（3）权责一致、错责相当；（4）严管和厚爱结合、激励和约束并重；（5）惩前毖后、治病救人；（6）集体决定、分清责任。
2. 答：根据《中国共产党问责条例》第 8 条第 1 款规定，对党组织的问责，根据危害程度以及具体情况，可以采取以下方式：（1）检查。责令作出书面检查并切实整改。（2）通报。责令整改，并在一定范围内通报。（3）改组。对失职失责，严重违犯党的纪律、本身又不能纠正的，应当予以改组。
3. 答：根据《中国共产党问责条例》第 17 条规定，有下列情形之一的，可以不予问责或者免予问责：（1）在推进改革中因缺乏经验、先行先试出现的失误，尚无明确限制的探索性试验中的失误，为推动发展的无意过失；（2）在集体决策中对错误决策提出明确反对意见或者保留意见的；（3）在决策实施中已经履职尽责，但因不可抗力、难以预见等因素造成损失的。
   对上级错误决定提出改正或者撤销意见未被采纳，而出现应当予以问责情形的，可以不予问责或者免予问责。
4. 答：根据《中国共产党问责条例》第 18 条规定，有下列情形之一，可以从轻或者减轻问责：（1）及时采取补救措施，有效挽回损失或者消除不良影响的；（2）积极配合问责调查工作，主动承担责任的；（3）党内法规规定的其他从轻、减轻情形。

七、中国共产党巡视工作条例

（一）判断题

1. 党的中央和省、自治区、直辖市委员会实行巡视制度，建立专职巡视机构，在一届任期内对所管理的地方、部门、企事业单位党组织重点巡视。（　　）
2. 党的中央和省、自治区、直辖市委员会成立巡视工作领导小组，分别向党中央和省、自治区、直辖市党委负责。（　　）
3. 党的中央和省、自治区、直辖市委员会设立巡视组，承担巡视任务。巡视组向巡视工作领导小组负责并报告工作。（　　）
4. 巡视组实行集体负责制。（　　）
5. 巡视工作人员应当按照规定定期轮岗交流。（　　）
6. 副省级城市人大常委会主要负责人是省、自治区、直辖市党委巡视组的巡视对象。（　　）
7. 巡视组不依靠被巡视党组织开展工作，必要时可以干预被巡视地区（单位）的正常工作，可以履行执纪审查的职责。（　　）
8. 巡视期间，经巡视工作领导小组批准，巡视组可以将被巡视党组织管理的干部涉嫌违纪违法的具体问题线索，移交有关纪律检查机关或者政法机关处理。（　　）
9. 巡视组进驻被巡视地区（单位）后，应当向被巡视党组织通报巡视任务，按照规定的工作方式和权限，开展巡视了解工作。（　　）
10. 巡视组对反映被巡视党组织领导班子及其成员的所有问题和线索，可以进行深入了解。（　　）
11. 巡视工作领导小组必须直接听取被巡视党组织有关整改情况的汇报。（　　）
12. 巡视进驻、反馈、整改等情况，必须全程公开，接受党员、干部和人民群众监督。（　　）

（二）单项选择题

1. 为落实全面从严治党要求，严肃党内（　　），净化党内（　　），加强党内监督，规范巡视工作，根据《中国共产党章程》，制定《中国共产党巡视工作条例》。

A. 政治生活；政治生态　　B. 政治纪律；政治生活

C. 政治纪律；政治环境　　D. 政治生活；政治环境

2. 巡视工作领导小组组长由同级（　　）担任，副组长一般由同级党委组织部部长担任。

A. 党委书记　　B. 政府首长

C. 党的纪律检查委员会书记　　D. 政法委书记

3. 巡视工作领导小组下设办公室，为其（　　）办事机构。

A. 日常　　B. 平常

C. 平时　　D. 主要

4. 中央巡视工作领导小组办公室设在（　　）。

A. 中央宣传部　　B. 中央纪律检查委员会

C. 中央组织部　　D. 国家监察委员会

5. 选配巡视工作人员应当严格标准条件，对不适合从事巡视工作的人员，应当及时予以（　　）。

A. 调岗　　B. 调整

C. 辞退　　D. 调剂

6. 巡视工作领导小组应当及时听取巡视组的巡视情况汇报，研究提出处理意见，报派出巡视组的（　　）决定。

A. 党组织

B. 巡视工作领导小组

C. 党组织的领导班子

D. 巡视工作领导小组的领导班子

7. 经派出巡视组的党组织同意后，巡视组应当及时向被巡视党组织领导班子及其主要负责人分别反馈相关巡视情况，指出问题，有针对性地提出（　　）意见。

A. 整顿　　B. 解决
C. 处理　　D. 整改

8. 被巡视党组织收到巡视组反馈意见后，应当认真整改落实，并于(　　)内将整改情况报告和主要负责人组织落实情况报告，报送巡视工作领导小组办公室。

A. 1 个月　　B. 2 个月
C. 3 个月　　D. 6 个月

9. 有关纪律检查机关、组织部门收到巡视移交的问题或者线索后，应当及时研究提出谈话函询、初核、立案或者组织处理等意见，并于(　　)内将办理情况反馈巡视工作领导小组办公室。

A. 1 个月　　B. 2 个月
C. 3 个月　　D. 6 个月

10. 派出巡视组的党组织和巡视工作领导小组应当加强对巡视工作的领导。对领导巡视(　　)的，依据有关规定追究相关责任人员的责任。

A. 工作不力，发生重大问题　　B. 工作不力，发生特大问题
C. 工作不力，发生严重问题　　D. 工作不力，发生问题

11.《中国共产党巡视工作条例》由中央纪委会同(　　)解释。

A. 国家监察委员会　　B. 中央宣传部
C. 国务院　　D. 中央组织部

(三) 多项选择题

1. 巡视组设(　　)。

A. 组长　　B. 副组长
C. 秘书长　　D. 巡视专员

2. 巡视工作人员实行(　　)回避。

A. 职务　　B. 任职
C. 地域　　D. 公务

3. 巡视组对巡视对象执行《中国共产党章程》和其他党内法规，遵守党的纪律，落实全面从严治党(　　)等情况进行监督。

A. 重要责任　　B. 主体责任

C. 监察责任　　　　D. 监督责任

4. 派出巡视组的党组织可以根据工作需要，针对所辖地方、部门、企事业单位的(　　)，开展机动灵活的专项巡视。

A. 重点人　　　　B. 重点事

C. 重点问题　　　　D. 巡视整改情况

5. 巡视组开展巡视前，应当向同级(　　)和单位了解被巡视党组织领导班子及其成员的有关情况。

A. 纪检监察机关　　　　B. 政法机关

C. 组织部门　　　　D. 审计部门

6. 派出巡视组的党组织及其组织部门应当把巡视结果作为干部(　　)的重要依据。

A. 考核评价　　　　B. 调岗调资

C. 选拔任用　　　　D. 职务任免

(四) 填空题

1. 开展巡视巡察工作的____承担巡视巡察工作的主体责任。
2. 巡视工作坚持中央____、分级负责；坚持____、依法依规；坚持____、发扬民主。
3. 巡视组应当严格执行请示报告制度，对巡视工作中的____和____及时向巡视工作领导小组请示报告。
4. 特殊情况下，省、自治区、直辖市党委巡视组可以直接向省、自治区、直辖市____报告。
5. 对____等方面存在的普遍性、____问题和其他重大问题，应当形成____报告，分析原因，提出建议。
6. 被巡视党组织主要负责人为落实整改工作的____。
7. 巡视工作人员应当严格遵守巡视____。

(五) 简答题

1. 简述巡视工作领导小组的职责。
2. 简述巡视工作领导小组办公室的职责。

3. 简述巡视工作人员应当具备的条件。
4. 简述中央巡视组的巡视对象和范围。
5. 简述巡视组应着力发现巡视对象的问题。
6. 简述巡视组开展工作可以采取的方式。
7. 简述巡视工作人员应承担纪律处分的情形。
8. 简述被巡视地区（单位）及其工作人员承担纪律处分的情形。

参考答案

（一）判断题

1. ×，解析：根据《中国共产党巡视工作条例》第 2 条第 1 款规定，党的中央和省、自治区、直辖市委员会实行巡视制度，建立专职巡视机构，在一届任期内对所管理的地方、部门、企事业单位党组织全面巡视。
2. ×，解析：根据《中国共产党巡视工作条例》第 5 条第 1 款规定，党的中央和省、自治区、直辖市委员会成立巡视工作领导小组，分别向党中央和省、自治区、直辖市党委负责并报告工作。
3. √，解析：根据《中国共产党巡视工作条例》第 9 条规定。
4. ×，解析：根据《中国共产党巡视工作条例》第 10 条第 1 款规定，巡视组设组长、副组长、巡视专员和其他职位。巡视组实行组长负责制，副组长协助组长开展工作。
5. ×，解析：根据《中国共产党巡视工作条例》第 12 条第 2 款规定，巡视工作人员应当按照规定进行轮岗交流。
6. ×，解析：根据《中国共产党巡视工作条例》第 13 条第 1 项规定，中央巡视组的巡视对象和范围是：（1）省、自治区、直辖市党委和人大常委会、政府、政协党组领导班子及其成员，省、自治区、直辖市高级人民法院、人民检察院党组主要负责人，副省级城市党委和人大常委会、政府、政协党组主要负责人。
7. ×，解析：根据《中国共产党巡视工作条例》第 18 条规定，巡视组依靠被巡视党组织开展工作，不干预被巡视地区（单位）的正常工作，不履行执纪审查的职责。
8. √，解析：根据《中国共产党巡视工作条例》第 20 条规定。

9. √，解析：根据《中国共产党巡视工作条例》第 22 条规定。
10. ×，解析：根据《中国共产党巡视工作条例》第 22 条第 2 款规定，巡视组对反映被巡视党组织领导班子及其成员的重要问题和线索，可以进行深入了解。
11. ×，解析：根据《中国共产党巡视工作条例》第 31 条第 2 款规定，巡视工作领导小组可以直接听取被巡视党组织有关整改情况的汇报。
12. ×，解析：根据《中国共产党巡视工作条例》第 32 条规定，巡视进驻、反馈、整改等情况，应当以适当方式公开，接受党员、干部和人民群众监督。

（二）单项选择题

1. A，解析：根据《中国共产党巡视工作条例》第 1 条规定，为落实全面从严治党要求，严肃党内政治生活，净化党内政治生态，加强党内监督，规范巡视工作，根据《中国共产党章程》，制定本条例。
2. C，解析：根据《中国共产党巡视工作条例》第 5 条第 2 款规定，巡视工作领导小组组长由同级党的纪律检查委员会书记担任，副组长一般由同级党委组织部部长担任。巡视工作领导小组组长为组织实施巡视工作的主要责任人。
3. A，解析：根据《中国共产党巡视工作条例》第 7 条第 1 款规定，巡视工作领导小组下设办公室，为其日常办事机构。
4. B，解析：根据《中国共产党巡视工作条例》第 7 条第 2 款规定，中央巡视工作领导小组办公室设在中央纪律检查委员会。
5. B，解析：根据《中国共产党巡视工作条例》第 12 条第 1 款规定，选配巡视工作人员应当严格标准条件，对不适合从事巡视工作的人员，应当及时予以调整。
6. A，解析：根据《中国共产党巡视工作条例》第 24 条规定，巡视工作领导小组应当及时听取巡视组的巡视情况汇报，研究提出处理意见，报派出巡视组的党组织决定。
7. D，解析：根据《中国共产党巡视工作条例》第 26 条第 1 款规定，经派出巡视组的党组织同意后，巡视组应当及时向被巡视党组织领导班子及其主要负责人分别反馈相关巡视情况，指出问题，有针对性地提出整改意见。
8. B，解析：根据《中国共产党巡视工作条例》第 27 条第 1 款规定，被巡视党组织收到巡视组反馈意见后，应当认真整改落实，并于 2 个月内将整改情况报告和主要负责人组织落实情况报告，报送巡视工作领导小组办公室。
9. C，解析：根据《中国共产党巡视工作条例》第 29 条规定，有关纪律检查机关、组织部门收到巡视移交的问题或者线索后，应当及时研究提出谈话函询、初核、立案或者组织处理等意见，并于3个月内将办理情况反馈巡视工作领导小组办公室。

10. C，解析：根据《中国共产党巡视工作条例》第33条规定，派出巡视组的党组织和巡视工作领导小组应当加强对巡视工作的领导。对领导巡视工作不力，发生严重问题的，依据有关规定追究相关责任人员的责任。

11. D，解析：根据《中国共产党巡视工作条例》第41条规定，本条例由中央纪委会同中央组织部解释。

（三）多项选择题

1. ABD，解析：根据《中国共产党巡视工作条例》第10条第1款规定，巡视组设组长、副组长、巡视专员和其他职位。巡视组实行组长负责制，副组长协助组长开展工作。

2. BCD，解析：根据《中国共产党巡视工作条例》第12条第3款规定，巡视工作人员实行任职回避、地域回避、公务回避。

3. BD，解析：根据《中国共产党巡视工作条例》第15条规定，巡视组对巡视对象执行《中国共产党章程》和其他党内法规，遵守党的纪律，落实全面从严治党主体责任和监督责任等情况进行监督，着力发现党的领导弱化、党的建设缺失、全面从严治党不力，党的观念淡漠、组织涣散、纪律松弛，管党治党宽松软问题。

4. ABCD，解析：根据《中国共产党巡视工作条例》第16条规定，派出巡视组的党组织可以根据工作需要，针对所辖地方、部门、企事业单位的重点人、重点事、重点问题或者巡视整改情况，开展机动灵活的专项巡视。

5. ABCD，解析：根据《中国共产党巡视工作条例》第21条规定，巡视组开展巡视前，应当向同级纪检监察机关、政法机关和组织、审计、信访等部门和单位了解被巡视党组织领导班子及其成员的有关情况。

6. AC，解析：根据《中国共产党巡视工作条例》第30条规定，派出巡视组的党组织及其组织部门应当把巡视结果作为干部考核评价、选拔任用的重要依据。

（四）填空题

1. 党组织。（《中国共产党巡视工作条例》第2条）
2. 统一领导；实事求是；群众路线。（《中国共产党巡视工作条例》第4条）
3. 重要情况；重大问题。（《中国共产党巡视工作条例》第19条）
4. 党委书记。（《中国共产党巡视工作条例》第19条）
5. 党风廉政建设；倾向性；专题。（《中国共产党巡视工作条例》第23条）

6. 第一责任人。(《中国共产党巡视工作条例》第 27 条)
7. 工作纪律。(《中国共产党巡视工作条例》第 35 条)

(五)简答题

1. 答:根据《中国共产党巡视工作条例》第 6 条规定,巡视工作领导小组的职责是:(1)贯彻党的中央委员会和同级党的委员会有关决议、决定;(2)研究提出巡视工作规划、年度计划和阶段任务安排;(3)听取巡视工作汇报;(4)研究巡视成果的运用,分类处置,提出相关意见和建议;(5)向同级党组织报告巡视工作情况;(6)对巡视组进行管理和监督;(7)研究处理巡视工作中的其他重要事项。
2. 答:根据《中国共产党巡视工作条例》第 8 条规定,巡视工作领导小组办公室的职责是:(1)向巡视工作领导小组报告工作情况,传达贯彻巡视工作领导小组的决策和部署;(2)统筹、协调、指导巡视组开展工作;(3)承担政策研究、制度建设等工作;(4)对派出巡视组的党组织、巡视工作领导小组决定的事项进行督办;(5)配合有关部门对巡视工作人员进行培训、考核、监督和管理;(6)办理巡视工作领导小组交办的其他事项。
3. 答:根据《中国共产党巡视工作条例》第 11 条规定,巡视工作人员应当具备下列条件:(1)理想信念坚定,对党忠诚,在思想上政治上行动上同党中央保持高度一致;(2)坚持原则,敢于担当,依法办事,公道正派,清正廉洁;(3)遵守党的纪律,严守党的秘密;(4)熟悉党务工作和相关政策法规,具有较强的发现问题、沟通协调、文字综合等能力;(5)身体健康,能胜任工作要求。
4. 答:根据《中国共产党巡视工作条例》第 13 条规定,中央巡视组的巡视对象和范围是:(1)省、自治区、直辖市党委和人大常委会、政府、政协党组领导班子及其成员,省、自治区、直辖市高级人民法院、人民检察院党组主要负责人,副省级城市党委和人大常委会、政府、政协党组主要负责人;(2)中央部委领导班子及其成员,中央国家机关部委、人民团体党组(党委)领导班子及其成员;(3)中央管理的国有重要骨干企业、金融企业、事业单位党委(党组)领导班子及其成员;(4)中央要求巡视的其他单位的党组织领导班子及其成员。
5. 答:根据《中国共产党巡视工作条例》第 15 条规定,巡视组对巡视对象执行《中国共产党章程》和其他党内法规,遵守党的纪律,落实全面从严治党主体责任和监督责任等情况进行监督,着力发现党的领导弱化、党的建设缺失、全面从严治党不力,党的观念淡漠、组织涣散、纪律松弛,管党治党宽松软问题：（1）违反政治纪律和政治规矩，存在违背党的路线方针政策的言行，有令不行、有禁不止，阳奉阴违、结党营私、团团伙伙、拉帮结派，以及落实意识形态工作责任制不到位等问题；（2）违反廉洁纪律，以权谋私、贪污贿赂、腐化堕落等问题；（3）违反组织纪律，违规用人、任人唯亲、跑官要官、买官卖官、拉票贿选，以及独断专行、软弱涣散、严重不团结等问题；（4）违反群众纪律、工作纪律、生活纪律，落实中央八项规定精神不力，搞形式主义、官僚主义、享乐主义和奢靡之风等问题；（5）派出巡视组的党组织要求了解的其他问题。

6. 答：根据《中国共产党巡视工作条例》第 17 条规定，巡视组可以采取以下方式开展工作：（1）听取被巡视党组织的工作汇报和有关部门的专题汇报；（2）与被巡视党组织领导班子成员和其他干部群众进行个别谈话；（3）受理反映被巡视党组织领导班子及其成员和下一级党组织领导班子主要负责人问题的来信、来电、来访等；（4）抽查核实领导干部报告个人有关事项的情况；（5）向有关知情人询问情况；（6）调阅、复制有关文件、档案、会议记录等资料；（7）召开座谈会；（8）列席被巡视地区（单位）的有关会议；（9）进行民主测评、问卷调查；（10）以适当方式到被巡视地区（单位）的下属地方、单位或者部门了解情况；（11）开展专项检查；（12）提请有关单位予以协助；（13）派出巡视组的党组织批准的其他方式。

7. 答：根据《中国共产党巡视工作条例》第 35 条规定，巡视工作人员有下列情形之一的，视情节轻重，给予批评教育、组织处理或者纪律处分；涉嫌犯罪的，移送司法机关依法处理：（1）对应当发现的重要问题没有发现的；（2）不如实报告巡视情况，隐瞒、歪曲、捏造事实的；（3）泄露巡视工作秘密的；（4）工作中超越权限，造成不良后果的；（5）利用巡视工作的便利谋取私利或者为他人谋取不正当利益的；（6）有违反巡视工作纪律的其他行为的。

8. 答：根据《中国共产党巡视工作条例》第 37 条规定，被巡视地区（单位）及其工作人员有下列情形之一的，视情节轻重，对该地区（单位）领导班子主要负责人或者其他有关责任人员，给予批评教育、组织处理或者纪律处分；涉嫌犯罪的，移送司法机关依法处理：（1）隐瞒不报或者故意向巡视组提供虚假情况的；（2）拒绝或者不按照要求向巡视组提供相关文件材料的；（3）指使、强令有关单位或者人员干扰、阻挠巡视工作，或者诬告、陷害他人的；（4）无正当理由拒不纠正存在的问题或者不按照要求整改的；（5）对反映问题的干部群众进行打击、报复、陷害的；（6）其他干扰巡视工作的情形。

八、党政领导干部选拔任用工作条例

（一）判断题

1. 统筹做好培养选拔女干部、少数民族干部和党外干部工作。（　　）
2. 对不适宜担任现职的领导干部可以进行调整，推进领导干部能上能下。（　　）
3. 《党政领导干部选拔任用工作条例》适用于选拔任用国家监察委员会、最高人民法院、最高人民检察院全体领导成员和内设机构担任领导职务的人员。（　　）
4. 特别优秀或者工作特殊需要的干部，必须突破任职资格规定或者越级提拔担任领导职务。（　　）
5. 个人向党组织推荐领导干部人选，必须负责地写出推荐材料，可以不署名。（　　）
6. 确定考察对象，应当根据工作需要和干部德才条件，将民主推荐与日常了解、综合分析研判以及岗位匹配度等情况综合考虑，深入分析、比较择优，防止把推荐票等同于选举票、简单以推荐票取人。（　　）
7. 对拟新进党政领导班子的考察对象，应当在全社会范围内公示。（　　）
8. 考察党政领导职务拟任人选，加强作风考察，深入了解为民服务、求真务实、勤勉敬业、敢于担当、奋发有为，遵守中央八项规定精神，反对形式主义、官僚主义、享乐主义和奢靡之风等情况。（　　）
9. 党政领导职务拟任人选，在讨论决定或者决定呈报前，应当根据职位和人选的不同情况，分别在党委（党组）、人大常委会、政府、政协等有关领导成员中进行酝酿。（　　）
10. 非中共党员拟任人选，应当征求党委（党组）、人大常委会、政府、政协等有关领导的意见。（　　）
11. 选拔任用党政领导干部，应当按照干部管理权限由党委（党组）集体讨论作出任免决定，或者决定提出推荐、提名的意见。属于上级党委（党

组）管理的，本级党委（党组）必须提出选拔任用建议。(　　)

12. 党委（党组）有关干部任免的决定，需要复议的，应当经党委（党组）超过2/3成员同意后方可进行。(　　)

13. 提拔担任纪委监委机关内设机构非选举产生的厅局级以下领导职务的，试用期为1年。(　　)

14. 党政机关内设机构副处级以上领导干部在同一职位上任职时间较长的，应当进行交流。(　　)

15. 党委（党组）及其组织（人事）部门讨论干部任免，涉及与会人员本人及其亲属的，本人必须回避。(　　)

（二）单项选择题

1. 选拔任用党政领导干部，必须把(　　)标准放在首位。

A. 政治　　B. 资历
C. 道德　　D. 才能

2. 任职试用期未满或者提拔任职不满(　　)的，不得破格提拔。不得在任职年限上连续破格。不得越两级提拔。

A. 6个月　　B. 1年
C. 2年　　D. 3年

3. 对动议的人选严格把关，根据工作需要，可以提前(　　)有关事项。

A. 核对　　B. 核查
C. 审查　　D. 审核

4. 选拔任用党政领导干部，应当经过民主推荐。民主推荐包括谈话调研推荐和会议推荐，推荐结果作为选拔任用的重要参考，在(　　)内有效。

A. 3个月　　B. 6个月
C. 1年　　D. 2年

5. 党委和政府及其工作部门个别特殊需要的领导成员人选，可以由党委（党组）或者组织（人事）部门推荐，报上级组织（人事）部门(　　)后作为考察对象。

A. 同意　　B. 认可
C. 审核　　D. 核对

6. 考察党政领导职务拟任人选，突出(　　)，注重了解政治理论学习情况，深入考察政治忠诚、政治定力、政治担当、政治能力、政治自律等方面的情况。

A. 能力标准　　B. 政治标准

C. 理论标准　　D. 思想标准

7. 双重管理干部的任免，主管方应当事先征求协管方意见，进行酝酿。征求意见一般采用书面形式进行。协管方自收到主管方意见之日起(　　)内未予答复的，视为同意。

A. 7 日　　B. 15 日

C. 1 个月　　D. 2 个月

8. 党委（党组）讨论决定干部任免事项，必须有(　　)以上成员到会，并保证与会成员有足够时间听取情况介绍、充分发表意见。

A. 1/2　　B. 2/3

C. 3/4　　D. 3/5

9. 实行党政领导干部任职前公示制度。公示内容应当真实准确，便于监督，涉及破格提拔的还应当说明破格的具体情形和理由。公示期不少于(　　)。公示结果不影响任职的，办理任职手续。

A. 5 个工作日　　B. 5 日

C. 10 个工作日　　D. 10 日

10. 地方党委和政府领导成员原则上应当任满一届，在同一职位上任职满(　　)的，必须交流；在同一职位连续任职达到两个任期的，不再推荐、提名或者任命担任同一职务。同一地方（部门）的党政正职一般不同时易地交流。

A. 5 年　　B. 7 年

C. 10 年　　D. 12 年

11. 引咎辞职、责令辞职和因问责被免职的党政领导干部，(　　)内不安排领导职务，(　　)内不得担任高于原任职务层次的领导职务。同时受到党纪政务处分的，按照影响期长的规定执行。

A. 6 个月；1 年　　B. 1 年；2 年

C. 1 年；6 个月　　D. 2 年；1 年

（三）多项选择题

1. 提拔担任党政领导职务的，应当具备的基本资格有：（　　）

A. 提任县处级领导职务的，应当具有5年以上工龄和2年以上基层工作经历

B. 提任县处级以上领导职务的，一般应当具有在下一级两个以上职位任职的经历

C. 提任县处级以上领导职务，由副职提任正职的，应当在副职岗位工作2年以上；由下级正职提任上级副职的，应当在下级正职岗位工作3年以上

D. 一般应当具有大学专科以上文化程度，其中厅局级以上领导干部一般应当具有大学本科以上文化程度

2. 因工作特殊需要破格提拔的干部，应当符合的情形有：（　　）

A. 领导班子结构需要或者领导职位有特殊要求的

B. 专业性较强的岗位或者重要专项工作急需的

C. 在关键时刻或者承担急难险重任务中经受住考验、表现突出、作出重大贡献的

D. 艰苦边远地区、贫困地区急需引进的

3. 组织（人事）部门应当深化对干部的日常了解，坚持知事识人，把功夫下在平时，（　　）了解干部。

A. 全方面　　B. 全方位

C. 多角度　　D. 近距离

4. 研判和动议时，根据工作需要和实际情况，如确有必要，也可以把公开选拔、竞争上岗作为产生人选的一种方式。公开选拔、竞争上岗应当结合岗位特点，坚持组织把关，突出（　　），防止简单以分数、票数取人。

A. 政治素质　　B. 专业素养

C. 工作实绩　　D. 一贯表现

5. 考察党政领导职务拟任人选，必须依据干部选拔任用条件和不同领导职务的职责要求，全面考察其德、能、勤、绩、廉，严把（　　）、廉洁关。

A. 政治关　　B. 品行关

C. 能力关　　D. 作风关

6. 考察党政领导职务拟任人选，深入考察道德品行，加强对工作时间之外表现的考察，注重了解(　　)等方面的情况。

A. 社会公德　　B. 职业道德

C. 个人品德　　D. 家庭美德

7. 考察地方党政领导班子成员拟任人选，个别谈话和征求意见的范围一般为(　　)。

A. 党委和政府领导成员

B. 人大常委会、政协、纪委监委、法院、检察院主要领导成员

C. 考察对象所在单位领导成员

D. 考察对象所在单位有关工作部门主要领导成员或者内设机构担任主要领导职务的人员和直属单位主要领导成员

8. 党委（党组）或者组织（人事）部门选派具有较高素质的人员组建考察组，考察组由两名以上成员组成。考察组负责人应当由(　　)的人员担任。

A. 资历深　　B. 思想政治素质好

C. 具有较丰富工作经验　　D. 熟悉干部工作

9. 需要报上级党委（党组）审批的拟提拔任职的干部，必须呈报党委（党组）请示并附(　　)等材料。

A. 干部任免审批表

B. 干部考察材料

C. 本人干部人事档案

D. 党委（党组）会议纪要、讨论记录、民主推荐情况

10. 党政领导干部任职回避的亲属关系为：(　　)

A. 夫妻关系　　B. 直系血亲关系

C. 三代以内旁系血亲　　D. 近姻亲关系

11. 实行党政领导干部辞职制度。辞职包括：(　　)

A. 因公辞职　　B. 自愿辞职

C. 引咎辞职　　D. 责令辞职

（四）填空题

1. 树立注重基层和实践的导向，大力选拔____、勇于担当、____、实绩突出的干部。
2. 注重发现和培养选拔优秀____，用好各年龄段干部。
3. 选拔任用____党政领导干部，法律法规和政策另有规定的，从其规定。
4. 拓宽选人视野和渠道，党政领导干部可以从党政机关选拔任用，也可以从党政机关以外选拔任用，注意从企业、____、科研院所等单位以及____中发现选拔。
5. 党委（党组）或者组织（人事）部门根据工作需要和____建设实际，结合____情况，提出启动干部选拔任用工作意见。
6. 推荐人大常委会、____、政协领导成员人选，应当有____、工商联主要领导成员和____代表人士参加。
7. 根据实际需要，针对不同层级、不同____考察对象，实行____考察，对党政正职人选，坚持更高标准、更严要求，突出把握____、驾驭全局、抓班子带队伍等方面情况的考察。
8. 实行干部考察工作责任制。考察组必须坚持原则，____，深入细致，如实反映考察情况和意见，对考察材料____，履行干部选拔任用____监督职责。
9. 党委（党组）讨论决定干部任免，在充分讨论的基础上，采取____、____或者____等方式进行表决。意见分歧较大时，暂缓进行表决。
10. 党政领导职务实行____、____，部分专业性较强的领导职务可以实行____。
11. 对破格提拔以及通过____、竞争上岗任职的干部，____满正式任职时，党委（党组）还应当指定专人进行____。
12. 党委向人民代表大会或者人大常委会推荐需要由人民代表大会或者人大常委会选举、任命、决定任命的领导干部人选，应当____向人民代表大会临时党组织或者人大常委会党组和人大常委会组成人员中的党员介绍党委____。
13. 领导班子换届，党委推荐人大常委会、政府、政协领导成员人选和监察委员会主任、法院院长、检察院检察长人选，应当事先向____、工商联主要领导成员和____通报有关情况，进行民主协商。

14. 因不适宜担任现职调离岗位、免职的，____不得提拔。

15. 《党政领导干部选拔任用工作条例》由中共中央____负责解释。

（五）简答题

1. 简述地方领导班子换届，民主推荐应当经过的程序。
2. 地方领导班子换届，谈话调研推荐一般由哪些人员参加？
3. 简述不得列为考察对象的情形。
4. 简述考察党政领导职务拟任人选应当经过的程序。
5. 简述党政领导职务的任职时间的计算。
6. 简述党政领导干部交流的对象。
7. 简述党政领导干部一般应当免去现职的情形。
8. 简述选拔任用党政领导干部，必须遵守的纪律。

参考答案

（一）判断题

1. √，解析：根据《党政领导干部选拔任用工作条例》第3条规定。
2. ×，解析：根据《党政领导干部选拔任用工作条例》第3条第5款规定，对不适宜担任现职的领导干部应当进行调整，推进领导干部能上能下。
3. ×，解析：根据《党政领导干部选拔任用工作条例》第4条第1款规定，本条例适用于选拔任用中共中央、全国人大常委会、国务院、全国政协、中央纪律检查委员会工作部门领导成员或者机关内设机构担任领导职务的人员，国家监察委员会、最高人民法院、最高人民检察院领导成员（不含正职）和内设机构担任领导职务的人员；县级以上地方各级党委、人大常委会、政府、政协、纪委监委、法院、检察院及其工作部门领导成员或者机关内设机构担任领导职务的人员；上列工作部门内设机构担任领导职务的人员。
4. ×，解析：根据《党政领导干部选拔任用工作条例》第9条第1款规定，党政领导干部应当逐级提拔。特别优秀或者工作特殊需要的干部，可以突破任职资格规定或者越级提拔担任领导职务。

5. ×，解析：根据《党政领导干部选拔任用工作条例》第 13 条第 2 款规定，个人向党组织推荐领导干部人选，必须负责地写出推荐材料并署名。
6. √，解析：根据《党政领导干部选拔任用工作条例》第 23 条规定。
7. ×，解析：根据《党政领导干部选拔任用工作条例》第 25 条第 1 款规定，地方领导班子换届，由本级党委书记与副书记、分管组织、纪检监察等工作的常委根据上级党委组织部门反馈的情况，对考察对象人选进行酝酿，本级党委常委会研究提出考察对象建议名单，经与上级党委组织部门沟通后，确定考察对象。对拟新进党政领导班子的考察对象，应当在一定范围内公示。
8. √，解析：根据《党政领导干部选拔任用工作条例》第 27 条规定。
9. √，解析：根据《党政领导干部选拔任用工作条例》第 34 条规定。
10. ×，解析：根据《党政领导干部选拔任用工作条例》第 34 条第 3 款规定，非中共党员拟任人选，应当征求党委统战部门和民主党派、工商联主要领导成员、无党派代表人士的意见。
11. ×，解析：根据《党政领导干部选拔任用工作条例》第 35 条第 1 款规定，选拔任用党政领导干部，应当按照干部管理权限由党委（党组）集体讨论作出任免决定，或者决定提出推荐、提名的意见。属于上级党委（党组）管理的，本级党委（党组）可以提出选拔任用建议。
12. ×，解析：根据《党政领导干部选拔任用工作条例》第 38 条第 2 款规定，党委（党组）有关干部任免的决定，需要复议的，应当经党委（党组）超过半数成员同意后方可进行。
13. √，解析：根据《党政领导干部选拔任用工作条例》第 43 条规定。
14. ×，解析：根据《党政领导干部选拔任用工作条例》第 51 条第 3 项规定，党政机关内设机构处级以上领导干部在同一职位上任职时间较长的，应当进行交流。
15. √，解析：根据《党政领导干部选拔任用工作条例》第 53 条规定。

（二）单项选择题

1. A，解析：根据《党政领导干部选拔任用工作条例》第 3 条第 1 款规定，选拔任用党政领导干部，必须把政治标准放在首位，符合将领导班子建设成为坚持党的基本理论、基本路线、基本方略，全心全意为人民服务，具有推进新时代中国特色社会主义事业发展的能力，结构合理、团结坚强的领导集体的要求。
2. B，解析：根据《党政领导干部选拔任用工作条例》第 9 条第 4 款规定，破格提拔干部必须从严掌握。不得突破本条例第 7 条规定的基本条件和第 8 条第1款第7项规定的资格要求。任职试用期未满或者提拔任职不满1年的，不得破格提拔。不得在任职年限上连续破格。不得越两级提拔。

3. B，解析：根据《党政领导干部选拔任用工作条例》第14条规定，组织（人事）部门将初步建议向党委（党组）主要领导成员汇报，对初步建议进行完善，在一定范围内进行沟通酝酿，形成工作方案。对动议的人选严格把关，根据工作需要，可以提前核查有关事项。
4. C，解析：根据《党政领导干部选拔任用工作条例》第16条规定，选拔任用党政领导干部，应当经过民主推荐。民主推荐包括谈话调研推荐和会议推荐，推荐结果作为选拔任用的重要参考，在1年内有效。
5. A，解析：根据《党政领导干部选拔任用工作条例》第22条规定，党委和政府及其工作部门个别特殊需要的领导成员人选，可以由党委（党组）或者组织（人事）部门推荐，报上级组织（人事）部门同意后作为考察对象。
6. B，解析：根据《党政领导干部选拔任用工作条例》第27条第2款规定，突出政治标准，注重了解政治理论学习情况，深入考察政治忠诚、政治定力、政治担当、政治能力、政治自律等方面的情况。
7. C，解析：根据《党政领导干部选拔任用工作条例》第34条第4款规定，双重管理干部的任免，主管方应当事先征求协管方意见，进行酝酿。征求意见一般采用书面形式进行。协管方自收到主管方意见之日起1个月内未予答复的，视为同意。双方意见不一致时，正职的任免报上级党委组织部门协调，副职的任免由主管方决定。
8. B，解析：根据《党政领导干部选拔任用工作条例》第38条第1款规定，党委（党组）讨论决定干部任免事项，必须有2/3以上成员到会，并保证与会成员有足够时间听取情况介绍、充分发表意见。与会成员对任免事项，应当逐一发表同意、不同意或者缓议等明确意见，党委（党组）主要负责人应当最后表态。在充分讨论的基础上，采取口头表决、举手表决或者无记名投票等方式进行表决。意见分歧较大时，暂缓进行表决。
9. A，解析：根据《党政领导干部选拔任用工作条例》第42条规定，实行党政领导干部任职前公示制度。提拔担任厅局级以下领导职务的，除特殊岗位和在换届考察时已进行过公示的人选外，在党委（党组）讨论决定后、下发任职通知前，应当在一定范围内公示。公示内容应当真实准确，便于监督，涉及破格提拔的还应当说明破格的具体情形和理由。公示期不少于5个工作日。公示结果不影响任职的，办理任职手续。

10. C，解析：根据《党政领导干部选拔任用工作条例》第51条第2项规定，地方党委和政府领导成员原则上应当任满一届，在同一职位上任职满10年的，必须交流；在同一职位连续任职达到两个任期的，不再推荐、提名或者任命担任同一职务。同一地方（部门）的党政正职一般不同时易地交流。

11. B，解析：根据《党政领导干部选拔任用工作条例》第56条规定，引咎辞职、责令辞职和因问责被免职的党政领导干部，1年内不安排领导职务，2年内不得担任高于原任职务层次的领导职务。同时受到党纪政务处分的，按照影响期长的规定执行。

（三）多项选择题

1. ABCD，解析：根据《党政领导干部选拔任用工作条例》第8条第1款规定，提拔担任党政领导职务的，应当具备下列基本资格：（1）提任县处级领导职务的，应当具有5年以上工龄和2年以上基层工作经历。（2）提任县处级以上领导职务的，一般应当具有在下一级两个以上职位任职的经历。（3）提任县处级以上领导职务，由副职提任正职的，应当在副职岗位工作2年以上；由下级正职提任上级副职的，应当在下级正职岗位工作3年以上。（4）一般应当具有大学专科以上文化程度，其中厅局级以上领导干部一般应当具有大学本科以上文化程度。（5）应当经过党校（行政学院）、干部学院或者组织（人事）部门认可的其他培训机构的培训，培训时间应当达到干部教育培训的有关规定要求。确因特殊情况在提任前未达到培训要求的，应当在提任后1年内完成培训。（6）具有正常履行职责的身体条件。（7）符合有关法律规定的资格要求。提任党的领导职务的，还应当符合《中国共产党章程》等规定的党龄要求。

2. ABD，解析：根据《党政领导干部选拔任用工作条例》第9条第3款规定，因工作特殊需要破格提拔的干部，应当符合下列情形之一：领导班子结构需要或者领导职位有特殊要求的；专业性较强的岗位或者重要专项工作急需的；艰苦边远地区、贫困地区急需引进的。

3. BCD，解析：根据《党政领导干部选拔任用工作条例》第11条规定，组织（人事）部门应当深化对干部的日常了解，坚持知事识人，把功夫下在平时，全方位、多角度、近距离了解干部。根据日常了解情况，对领导班子和领导干部进行综合分析研判，为党委（党组）选人用人提供依据和参考。

4. ABCD，解析：根据《党政领导干部选拔任用工作条例》第15条第2款规定，公开选拔、竞争上岗应当结合岗位特点，坚持组织把关，突出政治素质、专业素养、工作实绩和一贯表现，防止简单以分数、票数取人。

5. ABCD，解析：根据《党政领导干部选拔任用工作条例》第 27 条第 1 款规定，考察党政领导职务拟任人选，必须依据干部选拔任用条件和不同领导职务的职责要求，全面考察其德、能、勤、绩、廉，严把政治关、品行关、能力关、作风关、廉洁关。

6. ABCD，解析：根据《党政领导干部选拔任用工作条例》第 27 条第 3 款规定，深入考察道德品行，加强对工作时间之外表现的考察，注重了解社会公德、职业道德、家庭美德、个人品德等方面的情况。

7. ABCD，解析：根据《党政领导干部选拔任用工作条例》第 29 条规定，考察地方党政领导班子成员拟任人选，个别谈话和征求意见的范围一般为：（1）党委和政府领导成员，人大常委会、政协、纪委监委、法院、检察院主要领导成员；（2）考察对象所在单位领导成员；（3）考察对象所在单位有关工作部门主要领导成员或者内设机构担任主要领导职务的人员和直属单位主要领导成员；（4）其他有关人员。

8. BCD，解析：根据《党政领导干部选拔任用工作条例》第 33 条第 1 款规定，党委（党组）或者组织（人事）部门选派具有较高素质的人员组建考察组，考察组由 2 名以上成员组成。考察组负责人应当由思想政治素质好、具有较丰富工作经验并熟悉干部工作的人员担任。

9. ABCD，解析：根据《党政领导干部选拔任用工作条例》第 40 条第 1 款规定，需要报上级党委（党组）审批的拟提拔任职的干部，必须呈报党委（党组）请示并附干部任免审批表、干部考察材料、本人干部人事档案和党委（党组）会议纪要、讨论记录、民主推荐情况等材料。上级组织（人事）部门对呈报的材料应当严格审查。

10. ABCD，解析：根据《党政领导干部选拔任用工作条例》第 52 条第 2 款规定，党政领导干部任职回避的亲属关系为：夫妻关系、直系血亲关系、三代以内旁系血亲以及近姻亲关系。有上列亲属关系的，不得在同一机关担任双方直接隶属于同一领导人员的职务或者有直接上下级领导关系的职务，也不得在其中一方担任领导职务的机关从事组织（人事）、纪检监察、审计、财务工作。

11. ABCD，解析：根据《党政领导干部选拔任用工作条例》第 55 条第 1 款规定，实行党政领导干部辞职制度。辞职包括因公辞职、自愿辞职、引咎辞职和责令辞职。

（四）填空题

1. 敢于负责；善于作为。（《党政领导干部选拔任用工作条例》第3条）
2. 年轻干部。（《党政领导干部选拔任用工作条例》第3条）
3. 民族区域自治地方。（《党政领导干部选拔任用工作条例》第4条）
4. 高等学校；社会组织。（《党政领导干部选拔任用工作条例》第10条）
5. 领导班子；综合分析研判。（《党政领导干部选拔任用工作条例》第12条）
6. 政府；民主党派；无党派。（《党政领导干部选拔任用工作条例》第19条）
7. 岗位；差异化；政治方向。（《党政领导干部选拔任用工作条例》第27条）
8. 公道正派；负责；风气。（《党政领导干部选拔任用工作条例》第33条）
9. 口头表决；举手表决；无记名投票。（《党政领导干部选拔任用工作条例》第38条）
10. 选任制；委任制；聘任制。（《党政领导干部选拔任用工作条例》第41条）
11. 公开选拔；试用期；谈话。（《党政领导干部选拔任用工作条例》第44条）
12. 事先；推荐意见。（《党政领导干部选拔任用工作条例》第46条）
13. 民主党派；无党派代表人士。（《党政领导干部选拔任用工作条例》第49条）
14. 1年内。（《党政领导干部选拔任用工作条例》第58条）
15. 组织部。（《党政领导干部选拔任用工作条例》第68条）

（五）简答题

1. 答：根据《党政领导干部选拔任用工作条例》第18条规定，地方领导班子换届，民主推荐应当经过下列程序：（1）进行谈话调研推荐，提前向谈话对象提供谈话提纲、换届政策说明、干部名册等相关材料，提出有关要求，提高谈话质量；（2）综合考虑谈话调研推荐情况以及人选条件、岗位要求、班子结构等，经与本级党委沟通协商后，由上级党委或者组织部门研究提出会议推荐参考人选，参考人选应当差额提出；（3）召开推荐会议，由本级党委主持，考察组说明换届有关政策，介绍参考人选产生情况，提出有关要求，组织填写推荐表；（4）对民主推荐情况进行综合分析；（5）向上级党委或者组织部门汇报民主推荐情况。
2. 答：根据《党政领导干部选拔任用工作条例》第19条第1款规定，地方领导班子换届，谈话调研推荐一般由下列人员参加：（1）党委成员；（2）人大常委会、政府、政协领导成员；（3）纪委监委领导成员；（4）法院、检察院主要领导成员；（5）党委工作部门、政府工作部门、群团组织主要领导成员；（6）下一级党委和政府主要领导成员；（7）其他需要参加的人员，可以根据知情度、关联度和代表性原则确定。

3. 答：根据《党政领导干部选拔任用工作条例》第 24 条规定，有下列情形之一的，不得列为考察对象：(1) 违反政治纪律和政治规矩的；(2) 群众公认度不高的；(3) 上一年年度考核结果为基本称职以下等次的；(4) 有跑官、拉票等非组织行为的；(5) 除特殊岗位需要外，配偶已移居国（境）外，或者没有配偶但子女均已移居国（境）外的；(6) 受到诫勉、组织处理或者党纪政务处分等影响期未满或者期满影响使用的；(7) 其他原因不宜提拔或者进一步使用的。

4. 答：根据《党政领导干部选拔任用工作条例》第 28 条第 1 款规定，考察党政领导职务拟任人选，应当保证充足的考察时间，经过下列程序：(1) 制定考察工作方案；(2) 同考察对象呈报单位或者所在单位党委（党组）主要领导成员就考察工作方案沟通情况，征求意见；(3) 根据考察对象的不同情况，通过适当方式在一定范围内发布干部考察预告；(4) 采取个别谈话、发放征求意见表、民主测评、实地走访、查阅干部人事档案和工作资料等方法，广泛深入地了解情况，根据需要进行专项调查、延伸考察等，注意了解考察对象生活圈、社交圈情况；(5) 同考察对象面谈，进一步了解其政治立场、思想品质、价值取向、见识见解、适应能力、性格特点、心理素质等方面情况，以及缺点和不足，鉴别印证有关问题，深化对考察对象的研判；(6) 综合分析考察情况，与考察对象的一贯表现进行比较、相互印证，全面准确地对考察对象作出评价；(7) 向考察对象呈报单位或者所在单位党委（党组）主要领导成员反馈考察情况，并交换意见；(8) 考察组研究提出人选任用建议，向派出考察组的组织（人事）部门汇报，经组织（人事）部门集体研究提出任用建议方案，向本级党委（党组）报告。

5. 答：根据《党政领导干部选拔任用工作条例》第 45 条规定，党政领导职务的任职时间，按照下列时间计算：(1) 由党委（党组）决定任职的，自党委（党组）决定之日起计算；(2) 由党的代表大会、党的委员会全体会议、党的纪律检查委员会全体会议、人民代表大会、政协全体会议选举、决定任命的，自当选、决定任命之日起计算；(3) 由人大常委会或者政协常委会任命或者决定任命的，自人大常委会、政协常委会任命或者决定任命之日起计算；(4) 由党委向政府提名由政府任命的，自政府任命之日起计算。

6. 答：根据《党政领导干部选拔任用工作条例》第 51 条第 1 款规定，实行党政领导干部交流制度。交流的对象主要是：因工作需要交流的；需要通过交流锻炼提高领导能力的；在一个地方或者部门工作时间较长的；按照规定需要回避的；因其他原因需要交流的。交流的重点是县级以上地方党委和政府的领导成员，纪委监委、法院、检察院、党委和政府部分工作部门的主要领导成员。

7. 答：根据《党政领导干部选拔任用工作条例》第 54 条规定，党政领导干部有下列情形之一的，一般应当免去现职：（1）达到任职年龄界限或者退休年龄界限的；（2）受到责任追究应当免职的；（3）不适宜担任现职应当免职的；（4）因违纪违法应当免职的；（5）辞职或者调出的；（6）非组织选派，个人申请离职学习期限超过 1 年的；（7）因健康原因，无法正常履行工作职责 1 年以上的；（8）因工作需要或者其他原因应当免去现职的。

8. 答：根据《党政领导干部选拔任用工作条例》第 59 条规定，选拔任用党政领导干部，必须严格执行本条例的各项规定，并遵守下列纪律：（1）不准超职数配备、超机构规格提拔领导干部、超审批权限设置机构配备干部，或者违反规定擅自设置职务名称、提高干部职务职级待遇；（2）不准采取不正当手段为本人或者他人谋取职务、提高职级待遇；（3）不准违反规定程序动议、推荐、考察、讨论决定任免干部，或者由主要领导成员个人决定任免干部；（4）不准私自泄露研判、动议、民主推荐、民主测评、考察、酝酿、讨论决定干部等有关情况；（5）不准在干部考察工作中隐瞒或者歪曲事实真相；（6）不准在民主推荐、民主测评、组织考察和选举中搞拉票、助选等非组织活动；（7）不准利用职务便利私自干预下级或者原任职地区、系统和单位干部选拔任用工作；（8）不准在机构变动，主要领导成员即将达到任职年龄界限、退休年龄界限或者已经明确即将离任时，突击提拔、调整干部；（9）不准在干部选拔任用工作中任人唯亲、排斥异己、封官许愿，拉帮结派、搞团团伙伙，营私舞弊；（10）不准篡改、伪造干部人事档案，或者在干部身份、年龄、工龄、党龄、学历、经历等方面弄虚作假。

九、党政领导干部考核工作条例

（一）判断题

1.《党政领导干部考核工作条例》不适用于参照公务员法管理的县级以上党委和政府直属事业单位、群团组织的领导班子和领导干部的考核。（　　）
2. 领导干部考核内容主要包括：德、能、勤、绩、廉。（　　）
3. 建立健全可量化、能定责、可追责的领导班子和领导干部工作目标以及岗位职责规范，作为确定考核内容的重要依据。（　　）
4. 年度考核是以年度为周期对领导班子和领导干部所进行的综合性考核，一般在每年年末或者次年年初组织开展。（　　）
5. 根据工作需要和实际情况，对领导班子和领导干部，可以在一定范围内听取公众意见。（　　）
6. 领导班子年度考核结果一般分为优秀、良好、一般、较差、很差 5 个等次。（　　）
7. 任期考核是对实行任期制的领导班子和领导干部在一届任期内总体表现所进行的全方位考核，一般结合换届考察或者任期届满当年年度考核进行。（　　）
8. 考核结果应当重点反映考核对象情况，以考核报告、评语、鉴定等形式确定结果的，应当明确具体肯定成绩和优点，指出问题和不足。（　　）
9. 领导干部考核形成的结论性材料，应当存入干部人事档案。（　　）
10. 考核人员应当在考核材料上签名、盖章和捺指印，对考核材料的客观性、真实性负责。（　　）

（二）单项选择题

1. 考核领导班子的党风廉政建设的内容不包括：（　　）

   A. 履行管党治党政治责任

   B. 加强党风廉政建设

C. 反对“四风”特别是形式主义、官僚主义的情况

D. 持之以恒正风肃纪

2. 根据不同岗位职责要求，明确领导班子和领导干部(　　)的具体情形和评价标准，推动工作落实和担当尽责。

A. 担当　　B. 作为

C. 担当作为　　D. 不担当不作为

3. 当年开展党内(　　)的，年度考核可以结合实际适当简化程序。

A. 集体学习教育、换届考查、巡视巡察

B. 集中学习教育、换届考查、巡视巡查

C. 集体学习教育、换届考察、巡视巡查

D. 集中学习教育、换届考察、巡视巡察

4. 本年度内(　　)累计超过半年的领导干部，参加年度考核，不确定等次。

A. 出差　　B. 病、事假

C. 被立案调查　　D. 被行政处罚

5. 领导班子年度考核优秀等次比例一般不超过参加考核领导班子总数的(　　)，领导干部年度考核优秀等次比例一般不超过参加考核领导干部总人数的(　　)。

A. 20%；25%　　B. 30%；25%

C. 30%；20%　　D. 25%；30%

（三）多项选择题

1. 考核工作，是指党委（党组）及其组织（人事）部门按照干部管理权限，对党政领导班子和领导干部的(　　)等所进行的了解、核实和评价，以此作为加强领导班子和领导干部队伍建设的重要依据。

A. 政治素质　　B. 履职能力

C. 工作成效　　D. 作风表现

2. 坚持从实际出发，实行分级分类考核。考核内容应当体现(　　)领导班子和领导干部特点。

A. 不同区域　　B. 不同部门

C. 不同类型　　D. 不同层次

3. 平时考核主要结合领导班子和领导干部日常管理进行，可以采取的途径有：(　　)
   A. 列席领导班子民主生活会、理论学习中心组学习、重要工作会议，参加重要工作活动等
   B. 与干部本人或者知情人谈心谈话，到所在单位听取干部群众意见
   C. 开展调研走访、专题调查、现场观摩等
   D. 结合党内集中学习教育、纪委监委日常监督、巡视巡察、工作督查、干部培训等进行深入了解
4. 领导班子年度考核结果应当确定为较差等次的情形有：(　　)
   A. 违反政治纪律和政治规矩，政治上出现问题的
   B. 责任心差、能力水平低，不能履行或者不胜任岗位职责要求，依法履职出现重大问题的
   C. 不执行民主集中制，领导班子运行状况不好，不能正常发挥职能作用，领导干部闹无原则纠纷，影响较差的
   D. 不坚守工作岗位，擅离职守的
5. 考核对象对考核结果有异议的，可以按照有关规定提出(　　)。
   A. 复核　　B. 行政诉讼
   C. 复议　　D. 申诉

(四) 填空题

1. 建设一支信念坚定、____、勤政务实、敢于担当、____的高素质党政领导干部队伍。
2. 中央和国家机关领导班子和领导干部应当在____政治上行动上发挥表率作用，带头接受____严格考核。
3. 全面考核领导干部履职尽责特别是应对突发事件、群体性事件过程中的____能力、专业素养和____能力等情况。
4. 平时考核可以根据____形成考核结果。考核结果可以采用____、评语、____或者鉴定等形式确定。
5. 任期考核一般应当按照____、民主测评、____、了解核实、____、形成考核结果等程序进行。

6. 平时考核、年度考核、专项考核、任期考核情况应当相互____，坚持____相结合。
7. 考核中发现领导班子和领导干部存在问题的，区分不同情形，予以____直至组织处理；发现违纪违法问题线索，移送____、司法机关处理。
8. 考核人员应当具有较高的思想政治素质以及胜任考核工作的____和业务知识，公道正派，组织纪律观念和____强。考核人员按照规定实行公务____。

（五）简答题

1. 简述党政领导干部考核的方式。
2. 简述党政领导干部考核工作应坚持的原则。
3. 简述领导班子考核的主要内容。
4. 简述年度考核的一般程序。
5. 简述领导班子和领导干部年度考核结果不得确定为优秀等次的情形。
6. 简述党政领导干部考核工作必须严格遵守的纪律。

参考答案

（一）判断题

1. ×，解析：根据《党政领导干部考核工作条例》第5条第2款规定，参照公务员法管理的县级以上党委和政府直属事业单位、群团组织的领导班子和领导干部的考核，参照本条例执行。
2. √，解析：根据《党政领导干部考核工作条例》第8条规定。
3. √，解析：根据《党政领导干部考核工作条例》第13条规定。
4. √，解析：根据《党政领导干部考核工作条例》第19条规定。
5. ×，解析：根据《党政领导干部考核工作条例》第20条第3款规定，根据工作需要和实际情况，对公共服务部门和窗口单位的领导班子和领导干部，可以在一定范围内听取公众意见。
6. ×，解析：根据《党政领导干部考核工作条例》第21条第1款规定，领导班子年度考核结果一般分为优秀、良好、一般、较差4个等次。领导干部年度考核结果分为优秀、称职、基本称职、不称职4个等次。

7. √，解析：根据《党政领导干部考核工作条例》第 26 条规定。

8. ×，解析：根据《党政领导干部考核工作条例》第 31 条规定，考核结果应当全面准确反映考核对象情况，以考核报告、评语、鉴定等形式确定结果的，应当明确具体肯定成绩和优点，指出问题和不足。

9. √，解析：根据《党政领导干部考核工作条例》第 43 条规定。

10. ×，解析：根据《党政领导干部考核工作条例》第 46 条第 3 款规定，考核人员应当在考核材料上签名，对考核材料的客观性、真实性负责。

（二）单项选择题

1. C，解析：根据《党政领导干部考核工作条例》第 7 条第 4 项规定，领导班子考核内容主要包括：（4）党风廉政建设。全面考核领导班子履行管党治党政治责任，加强党风廉政建设，持之以恒正风肃纪，推进反腐败斗争等情况。C 项属于作风建设。

2. D，解析：根据《党政领导干部考核工作条例》第 12 条规定，根据不同岗位职责要求，明确领导班子和领导干部不担当不作为的具体情形和评价标准，推动工作落实和担当尽责。

3. D，解析：根据《党政领导干部考核工作条例》第 20 条第 2 款规定，当年开展党内集中学习教育、换届考察、巡视巡察的，年度考核可以结合实际适当简化程序。

4. B，解析：根据《党政领导干部考核工作条例》第 22 条第 5 款规定，本年度内病、事假累计超过半年的领导干部，参加年度考核，不确定等次。

5. B，解析：根据《党政领导干部考核工作条例》第 32 条第 2 款规定，领导班子年度考核优秀等次比例一般不超过参加考核领导班子总数的 30%，领导干部年度考核优秀等次比例一般不超过参加考核领导干部总人数的 25%。

（三）多项选择题

1. ABCD，解析：根据《党政领导干部考核工作条例》第 2 条第 1 款规定，考核工作，是指党委（党组）及其组织（人事）部门按照干部管理权限，对党政领导班子和领导干部的政治素质、履职能力、工作成效、作风表现等所进行的了解、核实和评价，以此作为加强领导班子和领导干部队伍建设的重要依据。

2. ABCD，解析：根据《党政领导干部考核工作条例》第 11 条规定，坚持从实际出发，实行分级分类考核。考核内容应当体现不同区域、不同部门、不同类型、不同层次领导班子和领导干部特点。

3. ABCD，解析：根据《党政领导干部考核工作条例》第 16 条规定，平时考核主要结合领导班子和领导干部日常管理进行，可以采取下列途径：（1）列席领导班子民主生活会、理论学习中心组学习、重要工作会议，参加重要工作活动等；（2）与干部本人或者知情人谈心谈话，到所在单位听取干部群众意见；（3）开展调研走访、专题调查、现场观摩等；（4）结合党内集中学习教育、纪委监委日常监督、巡视巡察、工作督查、干部培训等进行深入了解；（5）其他适当方法。

4. ABCD，解析：根据《党政领导干部考核工作条例》第 34 条规定，有下列情形之一，领导班子年度考核结果应当确定为较差等次，领导干部年度考核结果应当确定为不称职等次：（1）违反政治纪律和政治规矩，政治上出现问题的；（2）不执行民主集中制，领导班子运行状况不好，不能正常发挥职能作用，领导干部闹无原则纠纷，影响较差的；（3）责任心差、能力水平低，不能履行或者不胜任岗位职责要求，依法履职出现重大问题的；（4）表态多调门高，行动少落实差，敷衍塞责、庸懒散拖，作风形象不佳，群众意见大，造成恶劣影响的；（5）不坚守工作岗位，擅离职守的；（6）其他原因应当确定为较差或者不称职等次的。

5. AD，解析：根据《党政领导干部考核工作条例》第 36 条规定，考核对象对考核结果有异议的，可以按照有关规定提出复核或者申诉。

（四）填空题

1. 为民服务；清正廉洁。（《党政领导干部考核工作条例》第 1 条）
2. 思想上；高标准。（《党政领导干部考核工作条例》第 6 条）
3. 政治；组织领导。（《党政领导干部考核工作条例》第 8 条）
4. 实际情况；考核报告；等次。（《党政领导干部考核工作条例》第 17 条）
5. 总结述职；个别谈话；实绩分析。（《党政领导干部考核工作条例》第 27 条）
6. 补充印证；考人与考事。（《党政领导干部考核工作条例》第 30 条）
7. 谈话提醒；纪检监察。（《党政领导干部考核工作条例》第 42 条）
8. 政策水平；保密意识；回避。（《党政领导干部考核工作条例》第 45 条）

（五）简答题

1. 答：根据《党政领导干部考核工作条例》第 2 条第 2 款规定，考核方式主要包括平时考核、年度考核、专项考核、任期考核。

2. 答：根据《党政领导干部考核工作条例》第 4 条规定，考核工作坚持下列原则：（1）党管干部；（2）德才兼备、以德为先；（3）事业为上、公道正派；（4）注重实绩、群众公认；（5）客观全面、简便有效；（6）考用结合、奖惩分明。

3. 答：根据《党政领导干部考核工作条例》第 7 条规定，领导班子考核内容主要包括：(1) 政治思想建设。(2) 领导能力。(3) 工作实绩。(4) 党风廉政建设。(5) 作风建设。
4. 答：根据《党政领导干部考核工作条例》第 20 条第 1 款规定，年度考核一般按照下列程序进行：

   (1) 总结述职。召开会议，领导班子总结报告全年工作，领导干部进行个人述职。

   (2) 民主测评。根据对领导班子和领导干部考核内容的要求设计测评表，由参加民主测评的人员填写评价意见。参加测评的人员范围，按照知情度、关联度、代表性原则，结合实际确定。

   (3) 个别谈话。与领导班子成员、相关干部群众以及其他需要参加的人员个别谈话了解情况。

   (4) 了解核实。根据需要采取查阅资料、采集有关数据和信息、实地调研等方式，核实考核对象有关情况。

   (5) 形成考核结果。对领导班子和领导干部进行综合分析，形成考核结果并及时反馈。
5. 答：根据《党政领导干部考核工作条例》第 33 条规定，有下列情形之一，领导班子和领导干部年度考核结果不得确定为优秀等次：(1) 贯彻落实党中央决策部署成效不明显的；(2) 干事创业精气神不够，拈轻怕重、患得患失，不敢直面矛盾、不愿动真碰硬，不担当不作为的；(3) 受到上级党委和政府通报批评，责令检查的；(4) 工作实绩不突出的；(5) 组织领导能力较弱，年度工作目标任务完成不好的；(6) 履行管党治党责任不力，违反廉洁自律规定的；(7) 其他原因不宜确定为优秀等次的。

   在上级党组织开展的基层党建述职评议考核工作中，党委（党组）书记抓基层党建工作情况综合评价等次未达到好的，其年度考核结果不得确定为优秀等次。
6. 答：根据《党政领导干部考核工作条例》第 50 条规定，考核工作必须严格遵守下列纪律：(1) 不准搞形式、走过场；(2) 不准隐瞒、歪曲事实；(3) 不准弄虚作假；(4) 不准搞非组织活动；(5) 不准泄露谈话内容、测评结果等考核工作秘密；(6) 不准凭个人好恶评价干部、决定或者改变考核结果；(7) 不准借考核之机谋取私利；(8) 不准干扰、妨碍考核工作；(9) 不准打击报复干部和反映问题的人员。

十、干部选拔任用工作监督检查和责任追究办法

（一）判断题

1. 干部选拔任用工作监督检查和责任追究，坚持党委（党组）领导、分级负责，实事求是、依法依规，发扬民主、群众参与，分类施策、精准有效，防治并举、失责必究。（　　）
2. 坚持好干部标准和树立正确用人导向情况。重点监督检查是否坚持德才兼备、以德为先，坚持五湖四海、任人唯贤，坚持事业为上、公道正派；是否坚持新时期好干部标准，严把政治关、品行关、能力关、作风关、廉洁关，选拔任用忠诚干净担当的干部。（　　）
3. 认真执行干部选拔任用工作纪实制度，建立自查制度，每季度对干部选拔任用工作情况进行1次自查。（　　）
4. 未经答复或者未经同意的人选不得提交党委（党组）会议讨论决定。未按照规定报告或者报告后未经同意作出的干部任用决定，可以予以纠正。（　　）
5. “一报告两评议”由上级组织（人事）部门会同被评议地方和单位组织实施，评议结果应当及时反馈，并作为考核领导班子和领导干部的重要参考。（　　）
6. 被评议地方和单位应当向参加民主评议人员通报评议结果和整改情况。（　　）
7. 检查组在巡视巡察组组长领导下开展工作。检查前，巡视巡察组应当向检查组提供所发现的选人用人问题线索。检查组发现的主要问题，应当提供给巡视巡察组，但不写入巡视巡察报告。（　　）
8. 对选人用人问题反映突出的地方和单位，上级组织（人事）部门必须开展重点检查。（　　）
9. 离任检查按照干部管理权限由上级组织部门开展。对拟提拔重用的检查对象，结合干部考察工作进行，检查结果在考察材料中予以反映，并作为评价使用的重要参考。（　　）

10. 对违规选人用人问题，党委（党组）负全面领导责任，领导班子主要负责人和直接主管的班子成员承担领导责任，参与决策的领导班子其他成员在各自职责范围内承担相应责任。（　　）

11. 党委（党组）有本办法所列应当追究责任的情形，情节较轻的，责令作出书面检查；情节较重的，责令整改并在一定范围内通报；情节严重、本身又不能纠正的，应当予以改组。（　　）

（二）单项选择题

1. 坚持党管干部原则情况。重点监督检查是否按照干部管理权限由党委（党组）履行干部选拔任用责任，是否按照（　　）讨论决定干部任免事项。

A. 民主集中制

B. 民主集中制和党委（党组）议事规则

C. 民主集中制和党委（党组）决策程序

D. 民主集中制和党委（党组）议事规则、决策程序

2. 建立健全干部选拔任用工作（　　）机制，把专项检查与日常监督结合起来，将监督检查贯穿干部选拔任用工作全过程。

A. 组织监督、民主监督　　B. 组织监督、党委监督

C. 组织监督、政府监督　　D. 组织监督、人大监督

3. 健全地方党委干部选拔任用监督工作联席会议制度，加强有关部门的沟通协调，形成监督工作合力。联席会议由组织部门召集，一般（　　）召开1次，重要情况随时沟通。

A. 每月　　B. 每季度

C. 每半年　　D. 每年

4. 上级组织（人事）部门接到干部选拔任用工作有关事项报告后，应当认真审核研究，并在（　　）个工作日内予以答复。

A. 5　　B. 10

C. 15　　D. 20

5. 参加民主评议人员范围，地方一般为参加和列席全会人员，其他单位一般为参加领导班子和领导干部年度总结考核会议人员，并有一定数量的（　　）。

A. 干部群众代表　　B. 普通党员代表
C. 干部党员代表　　D. 普通群众代表

6. 提拔任用干部民主评议对象，地方一般为本级党委近(　　)提拔的正职领导干部；其他单位一般为近(　　)提拔担任内设机构领导职务的人员和直属单位领导班子成员。

A. 1 年内；2 年内　　B. 2 年内；2 年内
C. 2 年内；1 年内　　D. 1 年内；1 年内

7. 被检查地方和单位应当积极配合检查，如实提供情况，对照检查反馈意见抓好整改落实，并于收到反馈意见后(　　)内向派出检查组的组织(人事)部门报告整改情况。

A. 15 日　　B. 1 个月
C. 2 个月　　D. 3 个月

8. 根据《干部选拔任用工作监督检查和责任追究办法》的规定，(　　)离任时，应当对其任职期间干部选拔任用工作进行检查。

A. 市党委书记　　B. 市长
C. 市纪委书记　　D. 市委政法委书记

9. 对严重违规选人用人问题实行立项督查，办理单位应当认真组织调查，不得层层下转。查核结果和处理意见一般在(　　)内书面报告上级组织(人事)部门。

A. 15 日　　B. 1 个月
C. 2 个月　　D. 3 个月

(三) 多项选择题

1. 为了落实全面从严治党和从严管理干部要求，规范干部选拔任用工作监督检查和责任追究，根据(　　)等党内法规，制定《干部选拔任用工作监督检查和责任追究办法》。

A.《党政领导干部选拔任用工作条例》
B.《公职人员政务处分法》
C.《中国共产党党内监督条例》
D.《中国共产党问责条例》

2. 党委（党组）及其组织（人事）部门按照职责权限，负责干部选拔任用工作的监督检查和责任追究，(　　)按照有关规定履行干部选拔任用工作监督职责。

A. 党委组织部门　　B. 纪检监察机关

C. 巡视巡察机构　　D. 公职人员管理部门

3. 执行干部选拔任用工作政策规定情况。重点监督检查(　　)。

A. 是否按照机构规格和职数、资格条件、工作程序选拔任用干部

B. 是否深入考察，认真查核，对人选严格把关

C. 是否严格执行交流、回避、任期、退休、干部选拔任用请示报告等制度规定

D. 是否严格落实干部管理监督制度

4. 强化上级党组织监督检查。主要采取(　　)等方式进行。

A. 任前事项报告　　B. 专项检查

C. 离任检查　　D. 问题核查

5. 对评议反映的突出问题，上级组织（人事）部门应当采取(　　)等方式，督促被评议地方和单位整改。

A. 约谈　　B. 谈话

C. 责令作出说明　　D. 责令作出解释

6. 根据《干部选拔任用工作监督检查和责任追究办法》的规定，离任检查通过(　　)等方式进行。

A. 经济审查　　B. 民主评议

C. 查阅干部选拔任用工作相关材料　　D. 听取干部群众意见

7. 组织（人事）部门对监督检查发现和群众举报、媒体反映的违规选人用人问题线索，应当采取(　　)或者要求作出说明等方式办理。

A. 调查核实　　B. 提醒

C. 谈话　　D. 函询

（四）填空题

1. 干部选拔任用工作监督检查和责任追究，坚持以____为指导，贯彻新时代党的组织路线，落实新时期好干部标准，树立正确导向，突出____，

从严查处违规用人问题和选人用人中的不正之风，严肃追究____责任，促进形成风清气正的用人生态。

2. 遵守组织人事纪律和匡正选人用人风气情况。重点监督检查是否严格遵守干部____工作纪律，是否采取有力措施严肃查处和纠正选人用人____。
3. 促进干部担当作为情况。重点监督检查是否采取有效措施____干部担当作为，是否对不担当不作为的干部严格管理、____。
4. 完善党委（党组）领导班子____。党委（党组）研究干部任免事项，应当把酝酿贯穿始终，认真听取班子成员意见。会议讨论决定时，领导班子成员应当____发表意见，主要负责人最后表态。领导班子成员对人选意见分歧较大时，应当____表决。不得以个别征求意见、____等形式代替集体讨论决定。
5. 拓宽群众监督渠道。认真____群众举报反映的问题，定期开展分析研判，及时研究提出工作意见。自觉接受____，及时回应群众关切。完善____举报受理平台，提高举报受理工作____水平。
6. 党委（党组）每年应当结合全会或者领导班子和领导干部年度____，报告干部选拔任用工作情况，接受对年度干部选拔任用工作和所提拔任用干部的____。
7. 党委（党组）开展常规巡视巡察期间，同级组织（人事）部门应当通过____等方式，对选人用人工作进行____。
8. 对提拔任现职后受到____或者____以上党纪政务处分，且其违纪违法问题发生在____的干部，应当按照干部管理权限，由组织（人事）部门对其选拔任用过程进行____，也可以由上级组织（人事）部门倒查，并及时形成倒查工作报告。

（五）简答题

1. 简述在干部选拔任用工作中应当在事前向上级组织（人事）部门报告的情形。
2. 简述在干部选拔任用工作中应当追究党委（党组）及其主要负责人或者直接主管的领导班子成员、参与决策的领导班子其他成员的责任的情形。

3. 简述在干部选拔任用工作中应当追究纪检监察机关有关负责人和其他责任人员的责任的情形。

参考答案

(一)判断题

1. √，解析：根据《干部选拔任用工作监督检查和责任追究办法》第 3 条规定。
2. √，解析：根据《干部选拔任用工作监督检查和责任追究办法》第 7 条规定。
3. ×，解析：根据《干部选拔任用工作监督检查和责任追究办法》第 14 条规定，健全组织（人事）部门内部监督。选拔任用领导干部应当向干部监督机构了解情况，干部监督机构负责人列席研究讨论干部任免事项会议。认真执行干部选拔任用工作纪实制度，建立自查制度，每年对干部选拔任用工作情况进行 1 次自查。
4. ×，解析：根据《干部选拔任用工作监督检查和责任追究办法》第 18 条规定，上级组织（人事）部门接到干部选拔任用工作有关事项报告后，应当认真审核研究，并在 15 个工作日内予以答复。未经答复或者未经同意的人选不得提交党委（党组）会议讨论决定。未按照规定报告或者报告后未经同意作出的干部任用决定，应当予以纠正。
5. √，解析：根据《干部选拔任用工作监督检查和责任追究办法》第 21 条第 1 款规定。
6. √，解析：根据《干部选拔任用工作监督检查和责任追究办法》第 22 条规定。
7. ×，解析：根据《干部选拔任用工作监督检查和责任追究办法》第 24 条规定，检查组在巡视巡察组组长领导下开展工作。检查前，巡视巡察组应当向检查组提供所发现的选人用人问题线索。检查组发现的主要问题，应当提供给巡视巡察组，并写入巡视巡察报告。
8. ×，解析：根据《干部选拔任用工作监督检查和责任追究办法》第 27 条规定，对选人用人问题反映突出的地方和单位，上级组织（人事）部门可以视情开展重点检查。
9. √，解析：根据《干部选拔任用工作监督检查和责任追究办法》第 30 条规定。
10. ×，解析：根据《干部选拔任用工作监督检查和责任追究办法》第 34 条规定，对违规选人用人问题，党委（党组）负全面领导责任，领导班子主要负责人和直接主管的班子成员承担主要领导责任，参与决策的领导班子其他成员承担领导责任。组织（人事）部门、纪检监察机关、干部考察组有关负责人和其他责任人员在各自职责范围内承担相应责任。

11. √，解析：根据《干部选拔任用工作监督检查和责任追究办法》第 39 条规定。

（二）单项选择题

1. D，解析：根据《干部选拔任用工作监督检查和责任追究办法》第 6 条规定，坚持党管干部原则情况。重点监督检查是否按照干部管理权限由党委（党组）履行干部选拔任用责任，是否按照民主集中制和党委（党组）议事规则、决策程序讨论决定干部任免事项。
2. A，解析：根据《干部选拔任用工作监督检查和责任追究办法》第 11 条规定，建立健全干部选拔任用工作组织监督、民主监督机制，把专项检查与日常监督结合起来，将监督检查贯穿干部选拔任用工作全过程。
3. D，解析：根据《干部选拔任用工作监督检查和责任追究办法》第 16 条规定，健全地方党委干部选拔任用监督工作联席会议制度，加强有关部门的沟通协调，形成监督工作合力。联席会议由组织部门召集，一般每年召开 1 次，重要情况随时沟通。
4. C，解析：根据《干部选拔任用工作监督检查和责任追究办法》第 18 条规定，上级组织（人事）部门接到干部选拔任用工作有关事项报告后，应当认真审核研究，并在 15 个工作日内予以答复。未经答复或者未经同意的人选不得提交党委（党组）会议讨论决定。未按照规定报告或者报告后未经同意作出的干部任用决定，应当予以纠正。
5. A，解析：根据《干部选拔任用工作监督检查和责任追究办法》第 20 条第 1 款规定，参加民主评议人员范围，地方一般为参加和列席全会人员，其他单位一般为参加领导班子和领导干部年度总结考核会议人员，并有一定数量的干部群众代表。
6. D，解析：根据《干部选拔任用工作监督检查和责任追究办法》第 20 条第 2 款规定，提拔任用干部民主评议对象，地方一般为本级党委近 1 年内提拔的正职领导干部；其他单位一般为近 1 年内提拔担任内设机构领导职务的人员和直属单位领导班子成员。
7. C，解析：根据《干部选拔任用工作监督检查和责任追究办法》第 26 条规定，被检查地方和单位应当积极配合检查，如实提供情况，对照检查反馈意见抓好整改落实，并于收到反馈意见后 2 个月内向派出检查组的组织（人事）部门报告整改情况。派出检查组的组织（人事）部门应当加强对整改情况的监督，确保问题整改到位。

8. A，解析：根据《干部选拔任用工作监督检查和责任追究办法》第 28 条规定，市（地、州、盟）、县（市、区、旗）党委书记离任时，应当对其任职期间干部选拔任用工作进行检查。
9. C，解析：根据《干部选拔任用工作监督检查和责任追究办法》第 32 条规定，对严重违规选人用人问题实行立项督查，办理单位应当认真组织调查，不得层层下转。查核结果和处理意见一般在 2 个月内书面报告上级组织（人事）部门。

（三）多项选择题

1. ACD，解析：根据《干部选拔任用工作监督检查和责任追究办法》第 1 条规定，为了落实全面从严治党和从严管理干部要求，规范干部选拔任用工作监督检查和责任追究，根据《党政领导干部选拔任用工作条例》、《中国共产党党内监督条例》、《中国共产党问责条例》等党内法规，制定本办法。
2. BC，解析：根据《干部选拔任用工作监督检查和责任追究办法》第 4 条第 1 款规定，党委（党组）及其组织（人事）部门按照职责权限，负责干部选拔任用工作的监督检查和责任追究，纪检监察机关、巡视巡察机构按照有关规定履行干部选拔任用工作监督职责。
3. ABCD，解析：根据《干部选拔任用工作监督检查和责任追究办法》第 8 条规定，执行干部选拔任用工作政策规定情况。重点监督检查是否按照机构规格和职数、资格条件、工作程序选拔任用干部；是否深入考察，认真查核，对人选严格把关；是否严格执行交流、回避、任期、退休、干部选拔任用请示报告等制度规定；是否严格落实干部管理监督制度。
4. ABCD，解析：根据《干部选拔任用工作监督检查和责任追究办法》第 12 条规定，强化上级党组织监督检查。主要采取任前事项报告、“一报告两评议”、专项检查、离任检查、问题核查等方式进行。
5. AC，解析：根据《干部选拔任用工作监督检查和责任追究办法》第 21 条第 2 款规定，对评议反映的突出问题，上级组织（人事）部门应当采取约谈、责令作出说明等方式，督促被评议地方和单位整改。对认可度明显偏低的干部，被评议地方和单位应当对其选拔任用过程进行分析、作出说明，并视情进行教育或者处理。
6. BCD，解析：根据《干部选拔任用工作监督检查和责任追究办法》第 29 条规定，离任检查通过民主评议、查阅干部选拔任用工作相关材料、听取干部群众意见等方式进行。

7. ABD，解析：根据《干部选拔任用工作监督检查和责任追究办法》第 31 条规定，组织（人事）部门对监督检查发现和群众举报、媒体反映的违规选人用人问题线索，应当采取调查核实、提醒、函询或者要求作出说明等方式办理。

（四）填空题

1. 习近平新时代中国特色社会主义思想；政治监督；失职失察。（《干部选拔任用工作监督检查和责任追究办法》第 2 条）
2. 选拔任用；不正之风。（《干部选拔任用工作监督检查和责任追究办法》第 9 条）
3. 激励；严肃问责。（《干部选拔任用工作监督检查和责任追究办法》第 10 条）
4. 内部监督；逐一；暂缓；领导圈阅。（《干部选拔任用工作监督检查和责任追究办法》第 13 条）
5. 查核和处理；舆论监督；“12380”；信息化。（《干部选拔任用工作监督检查和责任追究办法》第 15 条）
6. 总结考核；民主评议。（《干部选拔任用工作监督检查和责任追究办法》第 19 条）
7. 派出检查组；专项检查。（《干部选拔任用工作监督检查和责任追究办法》第 23 条）
8. 撤销党内职务；撤职；提拔任职前；倒查。（《干部选拔任用工作监督检查和责任追究办法》第 33 条）

（五）简答题

1. 答：根据《干部选拔任用工作监督检查和责任追究办法》第 17 条规定，在干部选拔任用工作中，有下列情形之一，应当在事前向上级组织（人事）部门报告：（1）机构变动或者主要领导成员即将离任前提拔、调整干部的；（2）除领导班子换届外，一次集中调整干部数量较大或者一定时期内频繁调整干部的；（3）因机构改革等特殊情况暂时超职数配备干部的；（4）党委和政府及其工作部门个别特殊需要的领导成员人选，不经民主推荐，由组织推荐提名作为考察对象的；（5）破格、越级提拔干部的；（6）领导干部秘书等身边工作人员提拔任用的；（7）领导干部近亲属在领导干部所在单位（系统）内提拔任用，或者在领导干部所在地区提拔担任下一级领导职务的；（8）国家级贫困县、集中连片特困地区地市在完成脱贫任务前党政正职职级晋升或者岗位变动的，以及市（地、州、盟）、县（市、区、旗）、乡（镇）党政正职任职不满3年进行调整的；（9）领导干部因问责引咎辞职或者被责令辞职、免职、降职、撤职，影响期满拟重新担任领导职务或者提拔任职的；（10）各类高层次人才中配偶已移居国（境）外或者没有配偶但子女均已移居国（境）外人员、本人已移居国（境）外的人员（含外籍专家），因工作需要在限制性岗位任职的；（11）干部达到任职或者退休年龄界限，需要延迟免职（退休）的；（12）其他应当报告的事项。

2. 答：根据《干部选拔任用工作监督检查和责任追究办法》第35条规定，干部选拔任用工作有下列情形之一，应当追究党委（党组）及其主要负责人或者直接主管的领导班子成员、参与决策的领导班子其他成员的责任：（1）民主集中制执行不到位，党委（党组）领导把关作用发挥不力，出现重大用人失察失误，产生恶劣影响的；（2）用人导向出现偏差，选人用人不正之风严重，干部不担当不作为问题突出，干部群众反映强烈的；（3）落实主体责任不到位，对选人用人问题和干部不担当不作为问题不处置、不整改、不问责，造成严重后果的；（4）维护和执行组织人事纪律不力，导致选人用人违规违纪行为多发，造成恶劣影响的；（5）其他应当追究的失职失责情形。

3. 答：根据《干部选拔任用工作监督检查和责任追究办法》第37条规定，干部选拔任用工作有下列情形之一，应当追究纪检监察机关有关负责人和其他责任人员的责任：（1）不如实回复拟任人选廉洁自律情况并提出结论性意见的；（2）对收到的反映拟任人选问题线索具体、有可查性的信访举报不按照规定调查核实，或者对相关违纪违法问题不按照规定调查处理的；（3）不按照规定履行干部选拔任用工作监督职责造成严重后果的；（4）其他应当追究的失职失责情形。

十一、宪 法

（一）判断题

1. 中华人民共和国的权力掌握在人民手中，人民是国家的主人。（　　）
2. 中华人民共和国成立后，经济建设取得了重大的成就，独立的、比较完整的社会主义工业体系已经基本形成，农业生产显著提高。（　　）
3. 中华人民共和国是工人阶级领导的、以工农联盟为基础的人民民主专政的社会主义国家。（　　）
4. 人民通过各种途径和形式，管理国家事务，管理经济和文化事业，管理社会事务。（　　）
5. 中华人民共和国的社会主义经济制度的基础是生产资料的社会主义公有制，即全民所有制。（　　）
6. 国家不得对公民的私有财产实行征收或者征用。（　　）
7. 国家发展各种教育设施，扫除文盲，对工人、农民、国家工作人员和其他劳动者进行政治、文化、科学、技术、业务的教育，鼓励自学成才。（　　）
8. 在中国境内的外国人必须遵守中华人民共和国的法律。（　　）
9. 我国的国家权力机关是全国人民代表人会。（　　）
10. 全国人大有权罢免国家主席、国务院总理、中央军委主席、最高人民法院院长和最高人民检察院检察长。（　　）
11. 全国人大常委会在一定情况下有权决定战争状态的宣布。（　　）
12. 国务院由总理、副总理、国务委员、秘书长组成。（　　）
13. 地方各级人民代表大会是地方国家权力机关，乡、民族乡、镇设立人民代表大会。（　　）
14. 自治区、自治州、自治县的自治条例和单行条例须报全国人大常委会备案。（　　）
15. 人民检察院是国家法律监督机关。（　　）

（二）单项选择题

1. 中华人民共和国成立以后，我国社会逐步实现了由(　　)到社会主义的过渡。

A. 旧民主主义　　B. 民主主义

C. 新民主主义　　D. 资本主义

2. 在我国，阶级斗争(　　)。

A. 还广泛存在　　B. 还将短期存在

C. 不复存在　　D. 还将在一定范围内长期存在

3. (　　)是中国特色社会主义最本质的特征。

A. 中国共产党领导　　B. 党的政治建设

C. 党的思想建设　　D. 改革开放

4. 中华人民共和国的国家机构实行(　　)的原则。

A. 集体负责制　　B. 民主集中制

C. 少数服从多数　　D. 领导负责制

5. 农村和城市郊区的土地，除由法律规定属于国家所有的以外，属于(　　)所有。

A. 集体　　B. 国家

C. 个人　　D. 政府

6. 国家通过普及理想教育、道德教育、文化教育、纪律和法制教育，通过在城乡不同范围的群众中制定和执行各种守则、公约，加强(　　)的建设。

A. 社会主义新农村　　B. 社会主义经济

C. 社会主义精神文明　　D. 守法理念

7. 有权决定特赦的国家机关是(　　)。

A. 国家主席

B. 全国人民代表大会常务委员会

C. 国务院

D. 最高人民法院

8. 中华人民共和国主席、副主席都缺位的时候，由全国人民代表大会补选；在补选以前，应由(　　)暂时代理主席职位。

A. 最高人民法院院长

B. 中央军事委员会主席

C. 国务院总理

D. 全国人民代表大会常务委员会委员长

9. 不属于民族自治地方的自治机关的是(　　)。

A. 内蒙古自治区人民代表大会

B. 湖南省湘西土家族苗族自治州人民政府

C. 四川省北川羌族自治县人民法院

D. 海南省白沙黎族自治县人民政府

10. 各民族公民都有用(　　)语言文字进行诉讼的权利。

A. 当地通用的　　B. 本民族

C. 其他民族　　D. 自己通晓的

(三) 多项选择题

1. 中国人民和中国人民解放军战胜了(　　)的侵略、破坏和武装挑衅，维护了国家的独立和安全，增强了国防。

A. 帝国主义　　B. 霸权主义

C. 资本主义　　D. 封建主义

2. 社会主义的建设事业必须依靠(　　)，团结一切可以团结的力量。

A. 手工业者　　B. 工人

C. 农民　　D. 知识分子

3. 国家(　　)都由人民代表大会产生，对它负责，受它监督。

A. 行政机关　　B. 监察机关

C. 审判机关　　D. 检察机关

4. 国家保障各少数民族的合法的权利和利益，维护和发展各民族的(　　)关系。禁止对任何民族的歧视和压迫，禁止破坏民族团结和制造民族分裂的行为。

A. 平等　　B. 团结

C. 互助　　D. 和谐

5. 下列哪些选项属于社会主义劳动群众集体所有制经济？(　　)

A. 农村中的各种形式的合作经济

B. 城镇中的各种形式的手工业合作经济

C. 城镇中的各种形式的商业合作经济

D. 城镇中的各种形式的服务业合作经济

6. 下列选项中，属于中华人民共和国武装力量的任务的是：(　　)

A. 巩固国防　　B. 维护社会治安

C. 参加国家建设事业　　D. 抵抗侵略

7. 我国行使宪法监督职权的机关是：(　　)

A. 全国人民代表大会　　B. 全国人大常委会

C. 最高人民法院　　D. 最高人民检察院

8. 全国人大常委会的组成人员不得兼任：(　　)

A. 国家行政机关的职务

B. 民主党派的领导职务

C. 国家审判机关的职务

D. 国家检察机关的职务

9. 下列选项中，由国家主席予以公布的是：(　　)

A. 全国人民代表大会制定的法律

B. 省级人民代表大会制定的法规

C. 国务院制定的法规

D. 全国人民代表大会常务委员会制定的法律

10. 在全国人大闭会期间，根据总理提名，全国人大常委会可以决定(　　)的任免。

A. 审计长　　B. 秘书长

C. 国务委员　　D. 副总理

(四) 填空题

1. 中国人民和____战胜了帝国主义、霸权主义的侵略、破坏和武装挑衅，维护了国家的独立和安全，增强了国防。

2. 我国将长期处于____阶段。

3. 台湾是中华人民共和国的神圣领土的一部分。完成____的大业是包括台湾同胞在内的全中国人民的神圣职责。

4. 人民行使____的机关是全国人民代表大会和地方各级人民代表大会。

5. 中华人民共和国实行____，建设社会主义法治国家。
6. 国有经济，即____经济，是____中的主导力量。国家保障国有经济的巩固和发展。
7. 城市的土地属于____所有。
8. 国家建立健全同____水平相适应的社会保障制度。
9. 一切国家机关实行____的原则，实行工作责任制，实行工作人员的培训和考核制度，不断提高工作质量和工作效率，反对____。
10. 全国人民代表大会每届任期____年。
11. 全国人民代表大会常务委员会由下列人员组成：____，副委员长若干人，____，委员若干人。
12. 全国人民代表大会和全国人民代表大会常务委员会认为必要的时候，可以组织关于特定问题的____。
13. 审计机关在国务院____领导下，依照法律规定独立行使____权，不受其他行政机关、社会团体和个人的干涉。
14. 县级以上的地方各级人民代表大会常务委员会由____、副主任若干人和____若干人组成，对____人民代表大会负责并报告工作。
15. 自治区主席、自治州州长、自治县县长由实行____的民族的____担任。
16. 人民法院审理案件，除法律规定的特别情况外，一律____进行。被告人有权获得____。
17. 中华人民共和国国旗是____。
18. 中华人民共和国国歌是____。
19. 中华人民共和国国徽，中间是____照耀下的____，周围是____和____。
20. 中华人民共和国首都是____。

（五）简答题

1. 简述国家的根本任务。
2. 简述我国的外交政策。
3. 简述公民的基本权利。
4. 简述国务院的职权。

参考答案

（一）判断题

1. √，解析：根据《宪法》序言第5自然段规定。
2. √，解析：根据《宪法》序言第6自然段规定。
3. √，解析：根据《宪法》第1条第1款规定。
4. ×，解析：根据《宪法》第2条第3款规定，人民依照法律规定，通过各种途径和形式，管理国家事务，管理经济和文化事业，管理社会事务。题中的表述少了“依照法律规定”，因此是错误的。
5. ×，解析：根据《宪法》第6条第1款规定，中华人民共和国的社会主义经济制度的基础是生产资料的社会主义公有制，即全民所有制和劳动群众集体所有制。
6. ×，解析：根据《宪法》第13条第3款规定，国家为了公共利益的需要，可以依照法律规定对公民的私有财产实行征收或者征用并给予补偿。
7. √，解析：根据《宪法》第19条第3款规定。
8. √，解析：根据《宪法》第32条规定。
9. ×，解析：根据《宪法》第57条规定，中华人民共和国全国人民代表大会是最高国家权力机关。它的常设机关是全国人民代表大会常务委员会。
10. √，解析：根据《宪法》第63条规定。
11. √，解析：根据《宪法》第67条规定。
12. ×，解析：根据《宪法》第86条规定，还包括各部部长、各委员会主任。
13. √，解析：根据《宪法》第95条规定。
14. ×，解析：根据《宪法》第116条规定，自治区的自治条例和单行条例，报全国人大常委会批准后生效。自治州、自治县的自治条例和单行条例，报省或者自治区的人大常委会批准后生效，并报全国人大常委会备案。
15. √，解析：根据《宪法》第134条规定。

（二）单项选择题

1. C，解析：根据《宪法》序言第6自然段规定，中华人民共和国成立以后，我国社会逐步实现了由新民主主义到社会主义的过渡。
2. D，解析：根据《宪法》序言第8自然段规定，在我国，剥削阶级作为阶级已经消灭，但是阶级斗争还将在一定范围内长期存在。

3. A，解析：根据《宪法》第1条第2款规定，社会主义制度是中华人民共和国的根本制度。中国共产党领导是中国特色社会主义最本质的特征。禁止任何组织或者个人破坏社会主义制度。
4. B，解析：根据《宪法》第3条第1款规定，中华人民共和国的国家机构实行民主集中制的原则。
5. A，解析：根据《宪法》第10条第2款规定，农村和城市郊区的土地，除由法律规定属于国家所有的以外，属于集体所有；宅基地和自留地、自留山，也属于集体所有。
6. C，解析：根据《宪法》第24条第1款规定，国家通过普及理想教育、道德教育、文化教育、纪律和法制教育，通过在城乡不同范围的群众中制定和执行各种守则、公约，加强社会主义精神文明的建设。
7. B，解析：根据《宪法》第67条规定，全国人民代表大会常务委员会行使下列职权：（18）决定特赦。
8. D，解析：根据《宪法》第84条第3款规定，中华人民共和国主席、副主席都缺位的时候，由全国人民代表大会补选；在补选以前，由全国人民代表大会常务委员会委员长暂时代理主席职位。
9. C，解析：根据《宪法》第112条规定，民族自治地方的自治机关是自治区、自治州、自治县的人民代表大会和人民政府。因此排除C选项。
10. B，解析：根据《宪法》第139条规定，各民族公民都有用本民族语言文字进行诉讼的权利。人民法院和人民检察院对于不通晓当地通用的语言文字的诉讼参与人，应当为他们翻译。在少数民族聚居或者多民族共同居住的地区，应当用当地通用的语言进行审理；起诉书、判决书、布告和其他文书应当根据实际需要使用当地通用的一种或者几种文字。

（三）多项选择题

1. AB，解析：根据《宪法》序言第6自然段规定，中国人民和中国人民解放军战胜了帝国主义、霸权主义的侵略、破坏和武装挑衅，维护了国家的独立和安全，增强了国防。经济建设取得了重大的成就，独立的、比较完整的社会主义工业体系已经基本形成，农业生产显著提高。
2. BCD，解析：根据《宪法》序言第10自然段规定，社会主义的建设事业必须依靠工人、农民和知识分子，团结一切可以团结的力量。
3. ABCD，解析：根据《宪法》第3条第3款规定，国家行政机关、监察机关、审判机关、检察机关都由人民代表大会产生，对它负责，受它监督。

4. ABCD，解析：根据《宪法》第 4 条第 1 款规定，国家保障各少数民族的合法的权利和利益，维护和发展各民族的平等团结互助和谐关系。禁止对任何民族的歧视和压迫，禁止破坏民族团结和制造民族分裂的行为。
5. ABCD，解析：根据《宪法》第 8 条规定，农村集体经济组织实行家庭承包经营为基础、统分结合的双层经营体制。农村中的生产、供销、信用、消费等各种形式的合作经济，是社会主义劳动群众集体所有制经济。参加农村集体经济组织的劳动者，有权在法律规定的范围内经营自留地、自留山、家庭副业和饲养自留畜。城镇中的手工业、工业、建筑业、运输业、商业、服务业等行业的各种形式的合作经济，都是社会主义劳动群众集体所有制经济。
6. ACD，解析：根据《宪法》第 29 条规定，中华人民共和国的武装力量属于人民。它的任务是巩固国防，抵抗侵略，保卫祖国，保卫人民的和平劳动，参加国家建设事业，努力为人民服务。国家加强武装力量的革命化、现代化、正规化的建设，增强国防力量。因此，B 选项错误，ACD 正确。
7. AB，解析：《宪法》第 62 条、第 67 条分别规定了全国人大、全国人大常委会的监督宪法实施的权力。
8. ACD，解析：根据《宪法》第 65 条第 4 款规定，全国人民代表大会常务委员会的组成人员不得担任国家行政机关、监察机关、审判机关和检察机关的职务。
9. AD，解析：根据《宪法》第 80 条规定，中华人民共和国主席根据全国人民代表大会的决定和全国人民代表大会常务委员会的决定，公布法律，任免国务院总理、副总理、国务委员、各部部长、各委员会主任、审计长、秘书长，授予国家的勋章和荣誉称号，发布特赦令，宣布进入紧急状态，宣布战争状态，发布动员令。
10. AB，解析：根据《宪法》第 67 条规定，全国人大常委会有权“在全国人民代表大会闭会期间，根据国务院总理的提名，决定部长、委员会主任、审计长、秘书长的人选”。

（四）填空题

1. 中国人民解放军。（《宪法》序言）
2. 社会主义初级。（《宪法》序言）
3. 统一祖国。（《宪法》序言）
4. 国家权力。（《宪法》第 2 条）

5. 依法治国。(《宪法》第 5 条)
6. 社会主义全民所有制;国民经济。(《宪法》第 7 条)
7. 国家。(《宪法》第 10 条)
8. 经济发展。(《宪法》第 14 条)
9. 精简;官僚主义。(《宪法》第 27 条)
10. 5。(《宪法》第 60 条)
11. 委员长;秘书长。(《宪法》第 65 条)
12. 调查委员会。(《宪法》第 71 条)
13. 总理;审计监督。(《宪法》第 91 条)
14. 主任;委员;本级。(《宪法》第 103 条)
15. 区域自治;公民。(《宪法》第 114 条)
16. 公开;辩护。(《宪法》第 130 条)
17. 五星红旗。(《宪法》第 141 条)
18. 《义勇军进行曲》。(《宪法》第 141 条)
19. 五星;天安门;谷穗;齿轮。(《宪法》第 142 条)
20. 北京。(《宪法》第 143 条)

(五)简答题

1. 答:根据《宪法》序言第 7 自然段规定,沿着中国特色社会主义道路,集中力量进行社会主义现代化建设。中国各族人民将继续在中国共产党领导下,在马克思列宁主义、毛泽东思想、邓小平理论、“三个代表”重要思想、科学发展观、习近平新时代中国特色社会主义思想指引下,坚持人民民主专政,坚持社会主义道路,坚持改革开放,不断完善社会主义的各项制度,发展社会主义市场经济,发展社会主义民主,健全社会主义法治,贯彻新发展理念,自力更生,艰苦奋斗,逐步实现工业、农业、国防和科学技术的现代化,推动物质文明、政治文明、精神文明、社会文明、生态文明协调发展,把我国建设成为富强民主文明和谐美丽的社会主义现代化强国,实现中华民族伟大复兴。
2. 答:根据《宪法》序言第 12 自然段规定,中国坚持独立自主的对外政策,坚持互相尊重主权和领土完整、互不侵犯、互不干涉内政、平等互利、和平共处的五项原则,坚持和平发展道路,坚持互利共赢开放战略,发展同各国的外交关系和经济、文化交流,推动构建人类命运共同体;坚持反对帝国主义、霸权主义、殖民主义,加强同世界各国人民的团结,支持被压迫民族和发展中国家争取和维护民族独立、发展民族经济的正义斗争，为维护世界和平和促进人类进步事业而努力。

3. 答：根据《宪法》第31~51条规定，公民的基本权利也称宪法权利，是指由宪法规定的公民享有的基本的、必不可少的权利。包括：(1) 平等权。(2) 政治权利和自由。(3) 宗教信仰自由。(4) 人身自由权。(5) 监督权和取得国家赔偿权。(6) 社会经济权。(7) 文化教育权。(8) 特定主体权利。

4. 答：根据《宪法》第89条规定，国务院行使下列职权：(1) 根据宪法和法律，规定行政措施，制定行政法规，发布决定和命令；(2) 向全国人民代表大会或者全国人民代表大会常务委员会提出议案；(3) 规定各部和各委员会的任务和职责，统一领导各部和各委员会的工作，并且领导不属于各部和各委员会的全国性的行政工作；(4) 统一领导全国地方各级国家行政机关的工作，规定中央和省、自治区、直辖市的国家行政机关的职权的具体划分；(5) 编制和执行国民经济和社会发展计划和国家预算；(6) 领导和管理经济工作和城乡建设、生态文明建设；(7) 领导和管理教育、科学、文化、卫生、体育和计划生育工作；(8) 领导和管理民政、公安、司法行政等工作；(9) 管理对外事务，同外国缔结条约和协定；(10) 领导和管理国防建设事业；(11) 领导和管理民族事务，保障少数民族的平等权利和民族自治地方的自治权利；(12) 保护华侨的正当的权利和利益，保护归侨和侨眷的合法的权利和利益；(13) 改变或者撤销各部、各委员会发布的不适当的命令、指示和规章；(14) 改变或者撤销地方各级国家行政机关的不适当的决定和命令；(15) 批准省、自治区、直辖市的区域划分，批准自治州、县、自治县、市的建置和区域划分；(16) 依照法律规定决定省、自治区、直辖市的范围内部分地区进入紧急状态；(17) 审定行政机构的编制，依照法律规定任免、培训、考核和奖惩行政人员；(18) 全国人民代表大会和全国人民代表大会常务委员会授予的其他职权。

十二、刑　法

（一）判断题

1. 对多次贪污未经处理的，按照累计贪污数额处罚。(　　)
2. 索贿的从重处罚。(　　)
3. 国家机关在经济往来中，在账外暗中收受各种名义的回扣、手续费的，以利用影响力受贿罪论。(　　)
4. 因被勒索给予国家工作人员以财物，没有获得不正当利益的，以行贿论处，从轻处罚。(　　)
5. 国家工作人员在境外的存款，应当依照国家规定申报。(　　)
6. 负有解救职责的国家机关工作人员利用职务阻碍解救的，处 2 年以上 7 年以下有期徒刑。(　　)
7. 国家商检部门、商检机构的工作人员徇私舞弊，伪造检验结果的，处 5 年以下有期徒刑或者拘役。(　　)
8. 非国家机关工作人员违反保守国家秘密法的规定，故意泄露国家秘密，依照故意泄露国家秘密罪从轻处罚。(　　)
9. 对任何人犯罪，在适用法律上一律平等。不允许任何人有超越法律的特权。(　　)
10. 法律没有明文规定为犯罪行为的，但具有一定社会危害性，也可以比照相关法律定罪处刑。(　　)
11. 对正在进行行凶、杀人、抢劫、强奸、绑架以及其他严重危及人身安全的暴力犯罪，采取防卫行为，造成不法侵害人伤亡的，应当负刑事责任，但是应当减轻或者免除处罚。(　　)
12. 死刑缓期执行应当报请最高人民法院核准。(　　)
13. 敲诈勒索公私财物，数额较大或者多次敲诈勒索的，处 1 年以下有期徒刑、拘役或者管制。(　　)

14. 扰乱、冲击或者以其他方法破坏依法举行的集会、游行、示威，造成公共秩序混乱的，处5年以下有期徒刑、拘役、管制或者剥夺政治权利。(　　)

(二) 单项选择题

1. 为谋取不正当利益，给予(　　)以财物的，是行贿罪。
   A. 国家工作人员
   B. 国家工作人员的近亲属
   C. 与国家工作人员关系密切的人
   D. 国家机关工作人员
2. 以下对犯行贿罪的处罚，不正确的是：(　　)。
   A. 处5年以下有期徒刑或者拘役，并处罚金
   B. 因行贿谋取不正当利益，情节严重的，或者使国家利益遭受重大损失的，处5年以上10年以下有期徒刑，并处罚金
   C. 情节特别严重的，或者使国家利益遭受特别重大损失的，处10年以上有期徒刑或者无期徒刑，并处罚金或者没收财产
   D. 行贿人在被追诉前主动交待行贿行为的，应当从轻或减轻处罚
3. 介绍贿赂人在(　　)主动交待介绍贿赂行为的，可以减轻处罚或者免除处罚。
   A. 被调查时　　B. 被起诉前
   C. 被追诉前　　D. 被审判前
4. 单位为谋取不正当利益而行贿，或者违反国家规定，给予(　　)以回扣、手续费，情节严重的，构成单位行贿罪。
   A. 国家工作人员　　B. 国家工作人员的近亲属
   C. 与国家工作人员关系密切的人　　D. 国家机关工作人员
5. 国家机关工作人员滥用职权或者玩忽职守，致使公共财产、国家和人民利益遭受重大损失的，处(　　)；情节特别严重的，处(　　)。
   A. 3年以下有期徒刑或者拘役；3年以上7年以下有期徒刑
   B. 3年以下有期徒刑、拘役或者管制；3年以上10年以下有期徒刑
   C. 3年以下有期徒刑或者拘役，并处罚金；3年以上7年以下有期徒刑或者拘役，并处罚金

D. 3年以下有期徒刑、拘役或者管制，可以并处或者单处罚金；3年以上10年以下有期徒刑，并处罚金

6. (　　)私放在押的犯罪嫌疑人、被告人或者罪犯的，处5年以下有期徒刑或者拘役；情节严重的，处5年以上10年以下有期徒刑；情节特别严重的，处10年以上有期徒刑。

A. 国家机关工作人员

B. 司法工作人员

C. 有查禁犯罪活动职责的国家机关工作人员

D. 行政执法人员

7. (　　)徇私舞弊，对依法应当移交司法机关追究刑事责任的不移交，情节严重的，处3年以下有期徒刑或者拘役；造成严重后果的，处3年以上7年以下有期徒刑。

A. 国家机关工作人员

B. 司法工作人员

C. 有查禁犯罪活动职责的国家机关工作人员

D. 行政执法人员

8. (　　)徇私舞弊，不征或者少征应征税款，致使国家税收遭受重大损失的，处5年以下有期徒刑或者拘役。

A. 国家机关工作人员

B. 税务机关的工作人员

C. 有查禁犯罪活动职责的国家机关工作人员

D. 行政执法人员

9. (　　)徇私舞弊，放纵走私，情节严重的，处5年以下有期徒刑或者拘役；情节特别严重的，处5年以上有期徒刑。

A. 国家机关工作人员

B. 海关工作人员

C. 有查禁犯罪活动职责的国家机关工作人员

D. 负有查禁走私职责的国家机关工作人员

10. 外国人在中华人民共和国领域外对(　　)犯罪，而按本法规定的最低刑为3年以上有期徒刑的，可以适用本法，但是按照(　　)的法律不受处

罚的除外。

A. 中华人民共和国国家或者公民；犯罪地

B. 中华人民共和国国家；国籍国

C. 中华人民共和国公民；中华人民共和国

D. 中华人民共和国公民；犯罪地

11. 凡在中华人民共和国领域外犯罪，依照本法应当负刑事责任的，虽然经过外国审判，仍然可以依照本法追究，但是在外国已经受过刑罚处罚的，可以(　　)处罚。

A. 免除　　B. 减轻

C. 免除或者减轻　　D. 抵消

12. 享有外交特权和豁免权的外国人的刑事责任，通过(　　)解决。

A. 所在国法律　　B. 外交途径

C. 犯罪地法律　　D. 派遣国法律

13. (　　)，因而构成犯罪的，是故意犯罪。

A. 应当预见自己的行为可能发生危害社会的结果，因为疏忽大意而没有预见

B. 已经预见自己的行为可能发生危害社会的结果，而轻信能够避免

C. 由于不能抗拒或者不能预见的原因引起的危害社会的结果

D. 明知自己的行为会发生危害社会的结果，并且希望或者放任这种结果发生

14. 已满 75 周岁的人过失犯罪的，(　　)。

A. 可以从轻或者减轻处罚

B. 应当从轻或者减轻处罚

C. 应当从轻、减轻或者免除处罚

D. 法律有规定的才负刑事责任

15. 承担民事赔偿责任的犯罪分子，同时被判处罚金，其财产不足以全部支付的，或者被判处没收财产的，应当(　　)。

A. 先没收财产

B. 先承担罚金

C. 先承担对被害人的民事赔偿责任

D. 按比例承担

16. 以下哪一项不属于人民法院对被判处死刑缓期执行的犯人限制减刑的情况？(　　)

A. 被判处死刑缓期执行的累犯

B. 因故意杀人被判处死刑缓期执行的犯罪分子

C. 因贪污罪被判处死刑缓期执行的犯罪分子

D. 因有组织的暴力性犯罪被判处死刑缓期执行的犯罪分子

17. 组织他人出卖人体器官的，处(　　)；情节严重的，处 5 年以上有期徒刑，并处罚金或者没收财产。

A. 3 年以下有期徒刑，并处罚金

B. 3 年以下有期徒刑或者拘役，并处或者单处罚金

C. 5 年以下有期徒刑，并处罚金

D. 5 年以下有期徒刑，并处罚金或者没收财产

(三) 多项选择题

1. 国家工作人员利用职务上的便利，(　　)非法占有公共财物的，是贪污罪。

A. 侵吞　　B. 窃取

C. 骗取　　D. 抢夺

2. 为谋取不正当利益，向(　　)行贿的，处 3 年以下有期徒刑或者拘役，并处罚金。

A. 国家工作人员的近亲属

B. 其他与该国家工作人员关系密切的人

C. 离职国家工作人员的近亲属

D. 其他与该离职国家工作人员关系密切的人

3. 为谋取不正当利益，给予(　　)以财物的，或者在经济往来中，违反国家规定，给予各种名义的回扣、手续费的，处 3 年以下有期徒刑或者拘役，并处罚金。

A. 国家机关　　B. 国有公司

C. 事业单位　　D. 人民团体

4. 国家有关主管部门的国家机关工作人员，徇私舞弊，滥用职权，对不符

合法律规定条件的公司(　　)，予以批准或者登记，致使公共财产、国家和人民利益遭受重大损失的，处5年以下有期徒刑或者拘役。

A. 设立申请　　B. 股票发行

C. 债券发行　　D. 上市申请

5. 从事传染病防治的政府卫生行政部门的工作人员严重不负责任，导致(　　)，情节严重的，处3年以下有期徒刑或者拘役。

A. 传染病传播　　B. 传染病发生

C. 传染病流行　　D. 重大人员伤亡

6. 国家机关工作人员在签订、履行合同过程中，因严重不负责任被诈骗，(　　)。

A. 致使国家利益遭受重大损失的，处3年以下有期徒刑或者拘役

B. 致使国家利益遭受重大损失的，处5年以下有期徒刑或者拘役

C. 致使国家利益遭受特别重大损失的，处3年以上7年以下有期徒刑

D. 致使国家利益遭受特别重大损失的，处5年以上10年以下有期徒刑

7. 税务机关的工作人员违反法律、行政法规的规定，在办理(　　)工作中，徇私舞弊，致使国家利益遭受重大损失的，处5年以下有期徒刑或者拘役；致使国家利益遭受特别重大损失的，处5年以上有期徒刑。

A. 征收税款　　B. 发售发票

C. 抵扣税款　　D. 出口退税

8. 国家机关工作人员徇私舞弊，违反土地管理法规，滥用职权，(　　)，情节严重的，处3年以下有期徒刑或者拘役；致使国家或者集体利益遭受特别重大损失的，处3年以上7年以下有期徒刑。

A. 非法批准征收土地　　B. 非法批准征用土地

C. 非法批准占用土地　　D. 非法低价出让国有土地使用权

9. 动植物检疫机关的检疫人员严重不负责任，对应当检疫的检疫物(　　)，致使国家利益遭受重大损失的，处3年以下有期徒刑或者拘役。

A. 不检疫　　B. 延误检疫出证

C. 错误出证　　D. 伪造检疫结果

10. 对被拐卖、绑架的妇女、儿童负有解救职责的国家机关工作人员，接到(　　)的解救要求或者接到其他人的举报，而对被拐卖、绑架的妇女、

儿童不进行解救，造成严重后果的，处5年以下有期徒刑或者拘役。

A. 被拐卖的妇女　　B. 被拐卖的儿童

C. 被拐卖的妇女家属　　D. 被绑架的妇女

11. 哪些人犯罪，可以从轻、减轻或者免除处罚？(　　)

A. 听力障碍者　　B. 语言障碍者

C. 又聋又哑的人　　D. 盲人

12. 被判处管制的犯罪分子，管制期满，执行机关应即向(　　)宣布解除管制。

A. 本人　　B. 受害人或受害人家属

C. 所在单位　　D. 居住地群众

13. 违反国家有关规定，向他人出售或者提供公民个人信息，如何处罚？(　　)

A. 情节严重的，处3年以下有期徒刑或者拘役，并处或者单处罚金

B. 情节严重的，处3年以上有期徒刑或者拘役，并处或者单处罚金

C. 情节严重的，处3年以上7年以下有期徒刑，并处罚金

D. 情节特别严重的，处3年以上7年以下有期徒刑，并处罚金

14. 犯盗窃、诈骗、抢夺罪，为(　　)而当场使用暴力或者以暴力相威胁的，依照抢劫罪定罪处罚。

A. 窝藏赃物　　B. 抗拒抓捕

C. 包庇他人　　D. 毁灭罪证

(四) 填空题

1. 受国家机关、国有公司、企业、事业单位、人民团体委托____国有财产的人员，利用职务上的便利，____或者以其他手段非法占有国有财物的，以贪污论。

2. 国家工作人员利用职务上的便利，挪用公款归个人使用，____的，或者挪用公款数额较大、____的，或者挪用公款数额较大、超过3个月未还的，是挪用公款罪。

3. 在经济往来中，违反国家规定，给予国家工作人员以财物，____，或者____，给予国家工作人员以各种名义的回扣、手续费的，以行贿论处。

4. 国家工作人员在____或者____中接受礼物，依照国家规定应当交公而不交公，数额较大的，按照贪污罪处理。
5. 依法承担仲裁职责的人员，在仲裁活动中故意违背事实和法律作____，情节严重的，处3年以下有期徒刑或者拘役；情节特别严重的，处3年以上7年以下有期徒刑。
6. 司法工作人员徇私舞弊，对不符合减刑、假释、____条件的罪犯，予以减刑、假释或者____的，处3年以下有期徒刑或者拘役；情节严重的，处3年以上7年以下有期徒刑。
7. 林业主管部门的工作人员违反森林法的规定，超过____发放林木采伐许可证或者违反规定滥发林木采伐许可证，情节严重，致使森林遭受严重破坏的，处3年以下有期徒刑或者拘役。
8. 国家机关工作人员严重不负责任，造成____文物损毁或者流失，后果严重的，处3年以下有期徒刑或者拘役。
9. 对于中止犯，____的，应当免除处罚。
10. 司法工作人员，是指有____、____、____、____职责的工作人员。
11. 违反文物保护法规，将收藏的____的珍贵文物私自出售或者私自赠送给外国人的，处5年以下有期徒刑或者拘役，可以并处罚金。
12. 旅馆业等单位的人员，在公安机关查处卖淫、嫖娼活动时，为违法犯罪分子____，情节严重的，依照包庇罪的规定定罪处罚。

（五）简答题

1. 简述贪污罪的处罚规定。
2. 什么是受贿罪？
3. 简述利用影响力受贿罪。
4. 简述徇私枉法罪。
5. 简述刑法的溯及力。
6. 简述已满14周岁不满16周岁的人应负刑事责任的犯罪。
7. 简述虚假诉讼罪的处罚。

参考答案

（一）判断题

1. √，解析：根据《刑法》第 383 条规定。
2. √，解析：根据《刑法》第 386 条规定。
3. ×，解析：根据《刑法》第 387 条规定，国家机关、国有公司、企业、事业单位、人民团体，索取、非法收受他人财物，为他人谋取利益，情节严重的，对单位判处罚金，并对其直接负责的主管人员和其他直接责任人员，处 5 年以下有期徒刑或者拘役。前款所列单位，在经济往来中，在账外暗中收受各种名义的回扣、手续费的，以受贿论，依照前款的规定处罚。
4. ×，解析：根据《刑法》第 389 条规定，为谋取不正当利益，给予国家工作人员以财物的，是行贿罪。在经济往来中，违反国家规定，给予国家工作人员以财物，数额较大的，或者违反国家规定，给予国家工作人员以各种名义的回扣、手续费的，以行贿论处。因被勒索给予国家工作人员以财物，没有获得不正当利益的，不是行贿。
5. √，解析：根据《刑法》第 395 条规定。
6. √，解析：根据《刑法》第 416 条规定。
7. √，解析：根据《刑法》第 412 条规定。
8. ×，解析：根据《刑法》第 398 条规定，国家机关工作人员违反保守国家秘密法的规定，故意或者过失泄露国家秘密，情节严重的，处 3 年以下有期徒刑或者拘役；情节特别严重的，处 3 年以上 7 年以下有期徒刑。非国家机关工作人员犯前款罪的，依照前款的规定酌情处罚。
9. √，解析：根据《刑法》第 4 条规定。
10. ×，解析：根据《刑法》第 3 条规定，法律明文规定为犯罪行为的，依照法律定罪处刑；法律没有明文规定为犯罪行为的，不得定罪处刑。
11. ×，解析：根据《刑法》第 20 条规定，为了使国家、公共利益、本人或者他人的人身、财产和其他权利免受正在进行的不法侵害，而采取的制止不法侵害的行为，对不法侵害人造成损害的，属于正当防卫，不负刑事责任。正当防卫明显超过必要限度造成重大损害的，应当负刑事责任，但是应当减轻或者免除处罚。对正在进行行凶、杀人、抢劫、强奸、绑架以及其他严重危及人身安全的暴力犯罪，采取防卫行为，造成不法侵害人伤亡的，不属于防卫过当，不负刑事责任。

12. ×，解析：根据《刑法》第 48 条规定，死刑只适用于罪行极其严重的犯罪分子。对于应当判处死刑的犯罪分子，如果不是必须立即执行的，可以判处死刑同时宣告缓期二年执行。死刑除依法由最高人民法院判决的以外，都应当报请最高人民法院核准。死刑缓期执行的，可以由高级人民法院判决或者核准。

13. ×，解析：根据《刑法》第 274 条规定，敲诈勒索公私财物，数额较大或者多次敲诈勒索的，处 3 年以下有期徒刑、拘役或者管制，并处或者单处罚金；数额巨大或者有其他严重情节的，处 3 年以上 10 年以下有期徒刑，并处罚金；数额特别巨大或者有其他特别严重情节的，处 10 年以上有期徒刑，并处罚金。

14. √，解析：根据《刑法》第 298 条规定。

（二）单项选择题

1. A，解析：根据《刑法》第 389 条第 1 款规定，为谋取不正当利益，给予国家工作人员以财物的，是行贿罪。

2. D，解析：根据《刑法》第 390 条规定，对犯行贿罪的，处 5 年以下有期徒刑或者拘役，并处罚金；因行贿谋取不正当利益，情节严重的，或者使国家利益遭受重大损失的，处 5 年以上 10 年以下有期徒刑，并处罚金；情节特别严重的，或者使国家利益遭受特别重大损失的，处 10 年以上有期徒刑或者无期徒刑，并处罚金或者没收财产。行贿人在被追诉前主动交待行贿行为的，可以从轻或者减轻处罚。其中，犯罪较轻的，对侦破重大案件起关键作用的，或者有重大立功表现的，可以减轻或者免除处罚。

3. C，解析：根据《刑法》第 392 条规定，向国家工作人员介绍贿赂，情节严重的，处 3 年以下有期徒刑或者拘役，并处罚金。介绍贿赂人在被追诉前主动交待介绍贿赂行为的，可以减轻处罚或者免除处罚。

4. A，解析：根据《刑法》第 393 条规定，单位为谋取不正当利益而行贿，或者违反国家规定，给予国家工作人员以回扣、手续费，情节严重的，对单位判处罚金，并对其直接负责的主管人员和其他直接责任人员，处 5 年以下有期徒刑或者拘役，并处罚金。因行贿取得的违法所得归个人所有的，依照本法第 389 条、第 390 条的规定定罪处罚。

5. A，解析：根据《刑法》第 397 条规定，国家机关工作人员滥用职权或者玩忽职守，致使公共财产、国家和人民利益遭受重大损失的，处 3 年以下有期徒刑或者拘役；情节特别严重的，处 3 年以上 7 年以下有期徒刑。本法另有规定的，依照规定。国家机关工作人员徇私舞弊，犯前款罪的，处5年以下有期徒刑或者拘役；情节特别严重的，处5年以上10年以下有期徒刑。本法另有规定的，依照规定。

6. B，解析：根据《刑法》第400条第1款规定，司法工作人员私放在押的犯罪嫌疑人、被告人或者罪犯的，处5年以下有期徒刑或者拘役；情节严重的，处5年以上10年以下有期徒刑；情节特别严重的，处10年以上有期徒刑。

7. D，解析：根据《刑法》第402条规定，行政执法人员徇私舞弊，对依法应当移交司法机关追究刑事责任的不移交，情节严重的，处3年以下有期徒刑或者拘役；造成严重后果的，处3年以上7年以下有期徒刑。

8. B，解析：根据《刑法》第404条规定，税务机关的工作人员徇私舞弊，不征或者少征应征税款，致使国家税收遭受重大损失的，处5年以下有期徒刑或者拘役；造成特别重大损失的，处5年以上有期徒刑。

9. B，解析：根据《刑法》第411条规定，海关工作人员徇私舞弊，放纵走私，情节严重的，处5年以下有期徒刑或者拘役；情节特别严重的，处5年以上有期徒刑。

10. A，解析：根据《刑法》第8条规定，外国人在中华人民共和国领域外对中华人民共和国国家或者公民犯罪，而按本法规定的最低刑为3年以上有期徒刑的，可以适用本法，但是按照犯罪地的法律不受处罚的除外。

11. C，解析：根据《刑法》第10条规定，凡在中华人民共和国领域外犯罪，依照本法应当负刑事责任的，虽然经过外国审判，仍然可以依照本法追究，但是在外国已经受过刑罚处罚的，可以免除或者减轻处罚。

12. B，解析：根据《刑法》第11条规定，享有外交特权和豁免权的外国人的刑事责任，通过外交途径解决。

13. D，解析：根据《刑法》第14条规定，明知自己的行为会发生危害社会的结果，并且希望或者放任这种结果发生，因而构成犯罪的，是故意犯罪。故意犯罪，应当负刑事责任。

14. B，解析：根据《刑法》第17条之一规定，已满75周岁的人故意犯罪的，可以从轻或者减轻处罚；过失犯罪的，应当从轻或者减轻处罚。

15. C，解析：根据《刑法》第36条规定，由于犯罪行为而使被害人遭受经济损失的，对犯罪分子除依法给予刑事处罚外，并应根据情况判处赔偿经济损失。承担民事赔偿责任的犯罪分子，同时被判处罚金，其财产不足以全部支付的，或者被判处没收财产的，应当先承担对被害人的民事赔偿责任。

16. C，解析：根据《刑法》第 50 条规定，判处死刑缓期执行的，在死刑缓期执行期间，如果没有故意犯罪，二年期满以后，减为无期徒刑；如果确有重大立功表现，二年期满以后，减为 25 年有期徒刑；如果故意犯罪，情节恶劣的，报请最高人民法院核准后执行死刑；对于故意犯罪未执行死刑的，死刑缓期执行的期间重新计算，并报最高人民法院备案。对被判处死刑缓期执行的累犯以及因故意杀人、强奸、抢劫、绑架、放火、爆炸、投放危险物质或者有组织的暴力性犯罪被判处死刑缓期执行的犯罪分子，人民法院根据犯罪情节等情况可以同时决定对其限制减刑。

17. C，解析：根据《刑法》第 234 条之一第 1 款规定，组织他人出卖人体器官的，处 5 年以下有期徒刑，并处罚金；情节严重的，处 5 年以上有期徒刑，并处罚金或者没收财产。

（三）多项选择题

1. ABC，解析：根据《刑法》第 382 条规定，国家工作人员利用职务上的便利，侵吞、窃取、骗取或者以其他手段非法占有公共财物的，是贪污罪。受国家机关、国有公司、企业、事业单位、人民团体委托管理、经营国有财产的人员，利用职务上的便利，侵吞、窃取、骗取或者以其他手段非法占有国有财物的，以贪污论。

2. ABCD，解析：根据《刑法》第 390 条之一规定，为谋取不正当利益，向国家工作人员的近亲属或者其他与该国家工作人员关系密切的人，或者向离职的国家工作人员或者其近亲属以及其他与其关系密切的人行贿的，处 3 年以下有期徒刑或者拘役，并处罚金；情节严重的，或者使国家利益遭受重大损失的，处 3 年以上 7 年以下有期徒刑，并处罚金；情节特别严重的，或者使国家利益遭受特别重大损失的，处 7 年以上 10 年以下有期徒刑，并处罚金。单位犯前款罪的，对单位判处罚金，并对其直接负责的主管人员和其他直接责任人员，处 3 年以下有期徒刑或者拘役，并处罚金。

3. ABCD，解析：根据《刑法》第 391 条规定，为谋取不正当利益，给予国家机关、国有公司、企业、事业单位、人民团体以财物的，或者在经济往来中，违反国家规定，给予各种名义的回扣、手续费的，处 3 年以下有期徒刑或者拘役，并处罚金。单位犯前款罪的，对单位判处罚金，并对其直接负责的主管人员和其他直接责任人员，依照前款的规定处罚。

4. ABCD，解析：根据《刑法》第 403 条规定，国家有关主管部门的国家机关工作人员，徇私舞弊，滥用职权，对不符合法律规定条件的公司设立、登记申请或者股票、债券发行、上市申请，予以批准或者登记，致使公共财产、国家和人民利益遭受重大损失的，处5年以下有期徒刑或者拘役。上级部门强令登记机关及其工作人员实施前款行为的，对其直接负责的主管人员，依照前款的规定处罚。

5. AC，解析：根据《刑法》第409条规定，从事传染病防治的政府卫生行政部门的工作人员严重不负责任，导致传染病传播或者流行，情节严重的，处3年以下有期徒刑或者拘役。
6. AC，解析：根据《刑法》第406条规定，国家机关工作人员在签订、履行合同过程中，因严重不负责任被诈骗，致使国家利益遭受重大损失的，处3年以下有期徒刑或者拘役；致使国家利益遭受特别重大损失的，处3年以上7年以下有期徒刑。
7. BCD，解析：根据《刑法》第405条第1款规定，税务机关的工作人员违反法律、行政法规的规定，在办理发售发票、抵扣税款、出口退税工作中，徇私舞弊，致使国家利益遭受重大损失的，处5年以下有期徒刑或者拘役；致使国家利益遭受特别重大损失的，处5年以上有期徒刑。
8. ABCD，解析：根据《刑法》第410条规定，国家机关工作人员徇私舞弊，违反土地管理法规，滥用职权，非法批准征收、征用、占用土地，或者非法低价出让国有土地使用权，情节严重的，处3年以下有期徒刑或者拘役；致使国家或者集体利益遭受特别重大损失的，处3年以上7年以下有期徒刑。
9. ABC，解析：根据《刑法》第413条规定，动植物检疫机关的检疫人员徇私舞弊，伪造检疫结果的，处5年以下有期徒刑或者拘役；造成严重后果的，处5年以上10年以下有期徒刑。前款所列人员严重不负责任，对应当检疫的检疫物不检疫，或者延误检疫出证、错误出证，致使国家利益遭受重大损失的，处3年以下有期徒刑或者拘役。
10. ABCD，解析：根据《刑法》第416条规定，对被拐卖、绑架的妇女、儿童负有解救职责的国家机关工作人员，接到被拐卖、绑架的妇女、儿童及其家属的解救要求或者接到其他人的举报，而对被拐卖、绑架的妇女、儿童不进行解救，造成严重后果的，处5年以下有期徒刑或者拘役。负有解救职责的国家机关工作人员利用职务阻碍解救的，处2年以上7年以下有期徒刑；情节较轻的，处2年以下有期徒刑或者拘役。
11. CD，解析：根据《刑法》第19条规定，又聋又哑的人或者盲人犯罪，可以从轻、减轻或者免除处罚。

12. ACD，解析：根据《刑法》第40条规定，被判处管制的犯罪分子，管制期满，执行机关应即向本人和其所在单位或者居住地的群众宣布解除管制。
13. AD，解析：根据《刑法》第253条之一规定，违反国家有关规定，向他人出售或者提供公民个人信息，情节严重的，处3年以下有期徒刑或者拘役，并处或者单处罚金；情节特别严重的，处3年以上7年以下有期徒刑，并处罚金。
14. ABD，解析：根据《刑法》第269条规定，犯盗窃、诈骗、抢夺罪，为窝藏赃物、抗拒抓捕或者毁灭罪证而当场使用暴力或者以暴力相威胁的，依照本法第263条的规定定罪处罚。

（四）填空题

1. 管理、经营；侵吞、窃取、骗取。（《刑法》第382条）
2. 进行非法活动；进行营利活动。（《刑法》第384条）
3. 数额较大的；违反国家规定。（《刑法》第389条）
4. 国内公务活动；对外交往。（《刑法》第394条）
5. 枉法裁决。（《刑法》第399条之一）
6. 暂予监外执行；暂予监外执行。（《刑法》第401条）
7. 批准的年采伐限额。（《刑法》第407条）
8. 珍贵。（《刑法》第419条）
9. 没有造成损害。（《刑法》第24条）
10. 侦查；检察；审判；监管。（《刑法》第94条）
11. 国家禁止出口。（《刑法》第325条）
12. 通风报信。（《刑法》第362条）

（五）简答题

1. 答：根据《刑法》第383条规定，对犯贪污罪的，根据情节轻重，分别依照下列规定处罚：

（1）贪污数额较大或者有其他较重情节的，处3年以下有期徒刑或者拘役，并处罚金。

（2）贪污数额巨大或者有其他严重情节的，处3年以上10年以下有期徒刑，并处罚金或者没收财产。

（3）贪污数额特别巨大或者有其他特别严重情节的，处10年以上有期徒刑或者无期徒刑，并处罚金或者没收财产；数额特别巨大，并使国家和人民利益遭受特别重大损失的，处无期徒刑或者死刑，并处没收财产。

对多次贪污未经处理的，按照累计贪污数额处罚。

犯第 1 款罪，在提起公诉前如实供述自己罪行、真诚悔罪、积极退赃，避免、减少损害结果的发生，有第 1 项规定情形的，可以从轻、减轻或者免除处罚；有第 2 项、第 3 项规定情形的，可以从轻处罚。

犯第 1 款罪，有第 3 项规定情形被判处死刑缓期执行的，人民法院根据犯罪情节等情况可以同时决定在其死刑缓期执行二年期满依法减为无期徒刑后，终身监禁，不得减刑、假释。

2. 答：根据《刑法》第 385 条规定，国家工作人员利用职务上的便利，索取他人财物的，或者非法收受他人财物，为他人谋取利益的，是受贿罪。

   国家工作人员在经济往来中，违反国家规定，收受各种名义的回扣、手续费，归个人所有的，以受贿论处。

3. 答：根据《刑法》第 388 条之一规定，国家工作人员的近亲属或者其他与该国家工作人员关系密切的人，通过该国家工作人员职务上的行为，或者利用该国家工作人员职权或者地位形成的便利条件，通过其他国家工作人员职务上的行为，为请托人谋取不正当利益，索取请托人财物或者收受请托人财物，数额较大或者有其他较重情节的，处 3 年以下有期徒刑或者拘役，并处罚金；数额巨大或者有其他严重情节的，处 3 年以上 7 年以下有期徒刑，并处罚金；数额特别巨大或者有其他特别严重情节的，处 7 年以上有期徒刑，并处罚金或者没收财产。

   离职的国家工作人员或者其近亲属以及其他与其关系密切的人，利用该离职的国家工作人员原职权或者地位形成的便利条件实施前款行为的，依照前款的规定定罪处罚。

4. 答：根据《刑法》第 399 条第 1 款规定，司法工作人员徇私枉法、徇情枉法，对明知是无罪的人而使他受追诉、对明知是有罪的人而故意包庇不使他受追诉，或者在刑事审判活动中故意违背事实和法律作枉法裁判的，处 5 年以下有期徒刑或者拘役；情节严重的，处 5 年以上 10 年以下有期徒刑；情节特别严重的，处 10 年以上有期徒刑。

5. 答：根据《刑法》第 12 条规定，中华人民共和国成立以后本法施行以前的行为，如果当时的法律不认为是犯罪的，适用当时的法律；如果当时的法律认为是犯罪的，依照本法总则第四章第八节的规定应当追诉的，按照当时的法律追究刑事责任，但是如果本法不认为是犯罪或者处刑较轻的，适用本法。

   本法施行以前，依照当时的法律已经作出的生效判决，继续有效。

6. 答：根据《刑法》第 17 条第 2 款规定，已满 14 周岁不满 16 周岁的人，犯故意杀人、故意伤害致人重伤或者死亡、强奸、抢劫、贩卖毒品、放火、爆炸、投放危险物质罪的，应当负刑事责任。
7. 答：根据《刑法》第 307 条之一规定，以捏造的事实提起民事诉讼，妨害司法秩序或者严重侵害他人合法权益的，处 3 年以下有期徒刑、拘役或者管制，并处或者单处罚金；情节严重的，处 3 年以上 7 年以下有期徒刑，并处罚金。

   单位犯前款罪的，对单位判处罚金，并对其直接负责的主管人员和其他直接责任人员，依照前款的规定处罚。

   有第 1 款行为，非法占有他人财产或者逃避合法债务，又构成其他犯罪的，依照处罚较重的规定定罪从重处罚。

   司法工作人员利用职权，与他人共同实施前 3 款行为的，从重处罚；同时构成其他犯罪的，依照处罚较重的规定定罪从重处罚。

十三、刑事诉讼法

（一）判断题

1. 对刑事案件的侦查、拘留、执行逮捕、预审、提起公诉，由公安机关负责。（　　）
2. 国家安全机关依照法律规定，办理危害国家安全的刑事案件时，可以行使与公安机关相同的职权。（　　）
3. 在少数民族聚居或者多民族杂居的地区，应当用当地通用的语言进行审讯，用当地通用的文字发布判决书、布告和其他文件。（　　）
4. 人民法院审判案件，实行三审终审制。（　　）
5. 下级人民法院认为案情重大、复杂需要由上级人民法院审判的第一审刑事案件，可以请求移送上一级人民法院审判。（　　）
6. 犯罪嫌疑人自被侦查机关第一次讯问或者采取强制措施之日起，有权委托辩护人；在侦查期间，可以委托律师作为辩护人或自己作为辩护人。（　　）
7. 辩护律师可以同在押的犯罪嫌疑人、被告人会见和通信。其他辩护人经公安机关、人民检察院许可，也可以同在押的犯罪嫌疑人、被告人会见和通信。（　　）

（二）单项选择题

1. 最高人民法院管辖的（　　）刑事案件，是全国性的重大刑事案件。

   A. 第一审　　B. 第二审

   C. 第三审　　D. 终审

2. 担任过本案的证人、鉴定人、辩护人、诉讼代理人的（　　），应当自行回避，当事人及其法定代理人也有权要求他们回避。

   A. 审判人员　　B. 检察人员

   C. 侦查人员　　D. 以上都是

3.《刑事诉讼法》关于回避的规定适用于：(　　)

A. 书记员　　B. 翻译人员

C. 鉴定人　　D. 以上都是

4. 下列可以被委托为辩护人的是：(　　)

A. 律师　　B. 犯罪嫌疑人、被告人的亲友

C. 人民团体　　D. 以上都是

5. (　　)可以在人民法院、看守所等场所派驻值班律师。

A. 司法行政机关　　B. 人民检察院

C. 律师事务所　　D. 法律援助机构

6. 收件人本人或者代收人拒绝接收或者拒绝签名、盖章的时候，送达人可以邀请他的邻居或者其他见证人到场，说明情况，把文件留在他的住处，在送达证上记明拒绝的事由、送达的日期，由(　　)，即认为已经送达。

A. 邻居签名　　B. 见证人签名

C. 送达人签名　　D. 代收人签名

7. 搜查妇女的身体，应当由(　　)进行。

A. 女工作人员　　B. 女医生

C. 医生　　D. 侦查人员

(三) 多项选择题

1. (　　)进行刑事诉讼，必须依靠群众，必须以事实为根据，以法律为准绳。对于一切公民，在适用法律上一律平等，在法律面前，不允许有任何特权。

A. 人民法院　　B. 人民检察院

C. 公安机关　　D. 各级政府

2. 人民法院、人民检察院和公安机关进行刑事诉讼，应当(　　)，以保证准确有效地执行法律。

A. 分工负责　　B. 互相配合

C. 互相制约　　D. 互相监督

3. 犯罪嫌疑人、被告人是(　　)，没有委托辩护人的，人民法院、人民检察院和公安机关应当通知法律援助机构指派律师为其提供辩护。

A. 盲、聋、哑人

B. 尚未完全丧失辨认或者控制自己行为能力的精神病人

C. 经济困难的人

D. 可能被判处无期徒刑、死刑的人

4. 法律援助机构可以在人民法院、看守所等场所派驻值班律师。犯罪嫌疑人、被告人没有委托辩护人，法律援助机构没有指派律师为其提供辩护的，由值班律师为犯罪嫌疑人、被告人提供(　　)等法律帮助。

A. 法律咨询　　B. 程序选择建议

C. 申请变更强制措施　　D. 对案件处理提出意见

5. 辩护律师持(　　)要求会见在押的犯罪嫌疑人、被告人的，看守所应当及时安排会见，至迟不得超过48小时。

A. 律师执业证书　　B. 律师事务所证明

C. 委托书或者法律援助公函　　D. 身份证

6. 对于(　　)的重大嫌疑分子，提请审查批准的时间可以延长至30日。

A. 流窜作案　　B. 多次作案

C. 结伙作案　　D. 案情严重

(四) 填空题

1. 犯罪嫌疑人、被告人____供述自己的罪行，承认指控的犯罪事实，愿意接受处罚的，可以依法从宽处理。

2. 辩护人收集的有关犯罪嫌疑人不在犯罪现场、____、属于依法不负刑事责任的精神病人的证据，应当及时告知公安机关、人民检察院。

3. 在审判过程中，被告人可以拒绝辩护人继续为他辩护，也可以____。

4. 附带民事诉讼应当同刑事案件____审判，只有为了防止刑事案件审判的过分迟延，才可以在刑事案件审判后，由同一审判组织继续审理附带民事诉讼。

5. 对查封、扣押的财物、文件，应当会同____和被查封、扣押财物、文件持有人查点清楚，当场开列清单一式二份。

（五）简答题

1. 简述可以不追究刑事责任的情形。
2. 简述刑事诉讼中止审理的情形。
3. 简述刑事自诉案件的类型。

参考答案

（一）判断题

1. ×，解析：根据《刑事诉讼法》第 3 条第 1 款规定，对刑事案件的侦查、拘留、执行逮捕、预审，由公安机关负责。检察、批准逮捕、检察机关直接受理的案件的侦查、提起公诉，由人民检察院负责。审判由人民法院负责。除法律特别规定的以外，其他任何机关、团体和个人都无权行使这些权力。
2. √，解析：根据《刑事诉讼法》第 4 条规定。
3. √，解析：根据《刑事诉讼法》第 9 条规定。
4. ×，解析：根据《刑事诉讼法》第 10 条规定，人民法院审判案件，实行两审终审制。
5. √，解析：根据《刑事诉讼法》第 24 条规定。
6. ×，解析：根据《刑事诉讼法》第 34 条第 1 款规定，犯罪嫌疑人自被侦查机关第一次讯问或者采取强制措施之日起，有权委托辩护人；在侦查期间，只能委托律师作为辩护人。被告人有权随时委托辩护人。
7. ×，解析：根据《刑事诉讼法》第 39 条第 1 款规定，辩护律师可以同在押的犯罪嫌疑人、被告人会见和通信。其他辩护人经人民法院、人民检察院许可，也可以同在押的犯罪嫌疑人、被告人会见和通信。

（二）单项选择题

1. A，解析：根据《刑事诉讼法》第 23 条规定，最高人民法院管辖的第一审刑事案件，是全国性的重大刑事案件。
2. D，解析：根据《刑事诉讼法》第 29 条规定，审判人员、检察人员、侦查人员有下列情形之一的，应当自行回避，当事人及其法定代理人也有权要求他们回避：（1）是本案的当事人或者是当事人的近亲属的；（2）本人或者他的近亲属和本案有利害关系的；（3）担任过本案的证人、鉴定人、辩护人、诉讼代理人的；（4）与本案当事人有其他关系，可能影响公正处理案件的。

3. D，解析：根据《刑事诉讼法》第 32 条第 1 款规定，关于回避的规定适用于书记员、翻译人员和鉴定人。

4. D，解析：根据《刑事诉讼法》第 33 条第 1 款规定，犯罪嫌疑人、被告人除自己行使辩护权以外，还可以委托 1 至 2 人作为辩护人。下列的人可以被委托为辩护人：（1）律师；（2）人民团体或者犯罪嫌疑人、被告人所在单位推荐的人；（3）犯罪嫌疑人、被告人的监护人、亲友。

5. D，解析：根据《刑事诉讼法》第 36 条第 1 款规定，法律援助机构可以在人民法院、看守所等场所派驻值班律师。犯罪嫌疑人、被告人没有委托辩护人，法律援助机构没有指派律师为其提供辩护的，由值班律师为犯罪嫌疑人、被告人提供法律咨询、程序选择建议、申请变更强制措施、对案件处理提出意见等法律帮助。

6. C，解析：根据《刑事诉讼法》第 107 条第 2 款规定，收件人本人或者代收人拒绝接收或者拒绝签名、盖章的时候，送达人可以邀请他的邻居或者其他见证人到场，说明情况，把文件留在他的住处，在送达证上记明拒绝的事由、送达的日期，由送达人签名，即认为已经送达。

7. A，解析：根据《刑事诉讼法》第 139 条第 2 款规定，搜查妇女的身体，应当由女工作人员进行。

（三）多项选择题

1. ABC，解析：根据《刑事诉讼法》第 6 条规定，人民法院、人民检察院和公安机关进行刑事诉讼，必须依靠群众，必须以事实为根据，以法律为准绳。对于一切公民，在适用法律上一律平等，在法律面前，不允许有任何特权。

2. ABC，解析：根据《刑事诉讼法》第 7 条规定，人民法院、人民检察院和公安机关进行刑事诉讼，应当分工负责，互相配合，互相制约，以保证准确有效地执行法律。

3. ABD，解析：根据《刑事诉讼法》第 35 条第 2 款、第 3 款规定，犯罪嫌疑人、被告人是盲、聋、哑人，或者是尚未完全丧失辨认或者控制自己行为能力的精神病人，没有委托辩护人的，人民法院、人民检察院和公安机关应当通知法律援助机构指派律师为其提供辩护。犯罪嫌疑人、被告人可能被判处无期徒刑、死刑，没有委托辩护人的，人民法院、人民检察院和公安机关应当通知法律援助机构指派律师为其提供辩护。

4. ABCD，解析：根据《刑事诉讼法》第 36 条第 1 款规定，法律援助机构可以在人民法院、看守所等场所派驻值班律师。犯罪嫌疑人、被告人没有委托辩护人，法律援助机构没有指派律师为其提供辩护的，由值班律师为犯罪嫌疑人、被告人提供法律咨询、程序选择建议、申请变更强制措施、对案件处理提出意见等法律帮助。
5. ABC，解析：根据《刑事诉讼法》第 39 条第 2 款规定，辩护律师持律师执业证书、律师事务所证明和委托书或者法律援助公函要求会见在押的犯罪嫌疑人、被告人的，看守所应当及时安排会见，至迟不得超过 48 小时。
6. ABC，解析：根据《刑事诉讼法》第 91 条第 2 款规定，对于流窜作案、多次作案、结伙作案的重大嫌疑分子，提请审查批准的时间可以延长至 30 日。

（四）填空题

1. 自愿如实。(《刑事诉讼法》第 15 条)
2. 未达到刑事责任年龄。(《刑事诉讼法》第 42 条)
3. 另行委托辩护人辩护。(《刑事诉讼法》第 45 条)
4. 一并。(《刑事诉讼法》第 104 条)
5. 在场见证人。(《刑事诉讼法》第 142 条)

（五）简答题

1. 答：根据《刑事诉讼法》第 16 条规定，有下列情形之一的，不追究刑事责任，已经追究的，应当撤销案件，或者不起诉，或者终止审理，或者宣告无罪：(1) 情节显著轻微、危害不大，不认为是犯罪的；(2) 犯罪已过追诉时效期限的；(3) 经特赦令免除刑罚的；(4) 依照刑法告诉才处理的犯罪，没有告诉或者撤回告诉的；(5) 犯罪嫌疑人、被告人死亡的；(6) 其他法律规定免予追究刑事责任的。
2. 答：根据《刑事诉讼法》第 206 条第 1 款规定，在审判过程中，有下列情形之一，致使案件在较长时间内无法继续审理的，可以中止审理：(1) 被告人患有严重疾病，无法出庭的；(2) 被告人脱逃的；(3) 自诉人患有严重疾病，无法出庭，未委托诉讼代理人出庭的；(4) 由于不能抗拒的原因。
3. 答：根据《刑事诉讼法》第 210 条规定，自诉案件包括下列案件：(1) 告诉才处理的案件；(2) 被害人有证据证明的轻微刑事案件；(3) 被害人有证据证明对被告人侵犯自己人身、财产权利的行为应当依法追究刑事责任，而公安机关或者人民检察院不予追究被告人刑事责任的案件。

十四、公务员法

（一）判断题

1. 公务员制度坚持中国共产党领导，坚持以马克思列宁主义、毛泽东思想、邓小平理论、“三个代表”重要思想、科学发展观、习近平新时代中国特色社会主义思想为指导，贯彻社会主义初级阶段的基本路线，贯彻新时代中国共产党的组织路线，坚持党管干部原则。（　　）
2. 国家对公务员实行统一管理，提高管理效能和科学化水平。（　　）
3. 公务员应当保守国家秘密和工作秘密。（　　）
4. 所有职位类别公务员的职级序列均由《公务员法》加以规定。（　　）
5. 公务员的领导职务、职级应当对应相应的级别。（　　）
6. 录用担任二级主任科员以下及其他相当职级层次的公务员，采取公开考试、严格考察、平等竞争、择优录取的办法。（　　）
7. 新录用的公务员试用期为 1 年。试用期满合格的，予以任职；不合格的，取消录用。（　　）
8. 定期考核的结果可以以口头形式通知公务员本人。（　　）
9. 公务员职务实行委任制和聘任制。（　　）
10. 公务员任职应当在规定的编制限额和职数内进行，并有相应的职位空缺。（　　）
11. 奖励坚持定期奖励与及时奖励相结合，精神奖励与物质奖励相结合、以物质奖励为主的原则。（　　）
12. 公务员有权进行陈述和申辩；处分决定机关不得因公务员申辩而加重处分。（　　）
13. 公务员受开除以外的处分，在受处分期间有悔改表现，并且没有再发生违纪违法行为的，处分期满后公告解除。（　　）
14. 机关不得委托其他培训机构承担公务员培训任务。（　　）
15. 公务员可以在公务员和参照《公务员法》管理的工作人员队伍内部交

流，但不得与国有企业和不参照《公务员法》管理的事业单位中从事公务的人员交流。(　　)

16. 上级机关应当注重从基层机关公开遴选公务员。(　　)

17. 任何机关不得扣减或者拖欠公务员的工资。(　　)

18. 公务员辞去公职，任免机关应当自接到申请之日起 15 日内予以审批。(　　)

19. 公务员达到国家规定的退休年龄或者完全丧失行走能力的，应当退休。(　　)

20. 公务员对省级以下机关作出的申诉处理决定不服的，可以向作出处理决定的机关提出再申诉。(　　)

(二) 单项选择题

1. 公务员的管理，坚持监督约束与(　　)并重的原则。

A. 公平公正　　B. 激励保障

C. 德才兼备　　D. 提高效能

2. 公务员的任用，坚持德才兼备、(　　)，坚持五湖四海、任人唯贤，坚持事业为上、公道正派，突出政治标准，注重工作实绩。

A. 以德为先　　B. 以才为先

C. 效率为先　　D. 政治优先

3. 公务员工资、福利、保险以及录用、奖励、培训、辞退等所需经费，列入(　　)，予以保障。

A. 地方预算　　B. 国家预算

C. 财政预算　　D. 中央预算

4. 公务员应当年满(　　)周岁。

A. 16　　B. 18

C. 20　　D. 22

5. 国家根据人民警察、消防救援人员以及海关、驻外外交机构等公务员的工作特点，设置与其领导职务、职级相对应的(　　)。

A. 职务　　B. 职级

C. 衔级　　D. 级别

6. 地方各级机关公务员的录用，由省级公务员主管部门负责组织，必要时省级公务员主管部门可以授权(　　)级公务员主管部门组织。

A. 设区的市　　B. 较大的市

C. 县　　D. 不设区的市

7. 公务员的考核分为平时考核、专项考核和(　　)等方式。

A. 不定期考核　　B. 季度考核

C. 年度考核　　D. 定期考核

8. (　　)公务员在选举结果生效时即任当选职务。

A. 任期制　　B. 聘任制

C. 选任制　　D. 委任制

9. (　　)公务员试用期满考核合格，职务、职级发生变化，以及其他情形需要任免职务、职级的，应当按照管理权限和规定的程序任免。

A. 任期制　　B. 聘任制

C. 选任制　　D. 委任制

10. 公务员晋升领导职务，特别优秀的或者工作特殊需要的，(　　)按照规定破格或者越级晋升。

A. 应当　　B. 应该

C. 可以　　D. 必须

11. 公务员晋升领导职务的，应当按照有关规定实行任职前(　　)和任职试用期制度。

A. 公示制度　　B. 宣誓制度

C. 公告制度　　D. 考察制度

12. 公务员的职务、职级实行(　　)。

A. 优胜劣汰　　B. 能上能下

C. 优进劣退　　D. 择优退劣

13. 奖励分为：(　　)、记三等功、记二等功、记一等功、授予称号。

A. 嘉奖　　B. 奖励

C. 表彰　　D. 表扬

14. 机关应当对公务员的思想政治、履行职责、(　　)、遵纪守法等情况进行监督，开展勤政廉政教育，建立日常管理监督制度。

A. 道德素质　　　　B. 作风表现

C. 工作实绩　　　　D. 廉洁奉公

15. 国家有计划地加强对优秀(　　)的培训。

A. 年轻领导　　　　B. 年轻公务员

C. 青年公务员　　　　D. 青年领导

16. 因地域或者工作性质特殊，需要变通执行任职回避的，由(　　)公务员主管部门规定。

A. 县级以上　　　　B. 市级以上

C. 省级以上　　　　D. 中央

17. 公务员工资制度贯彻(　　)的原则，体现工作职责、工作能力、工作实绩、资历等因素，保持不同领导职务、职级、级别之间的合理工资差距。

A. 按劳分配　　　　B. 按需分配

C. 按资历分配　　　　D. 按职务分配

18. 辞退决定应当以(　　)通知被辞退的公务员，并应当告知辞退依据和理由。

A. 书面形式　　　　B. 口头形式

C. 公告形式　　　　D. 邮寄形式

19. 受理公务员申诉的机关应当自受理之日起(　　)内作出处理决定。

A. 15 日　　　　B. 30 日

C. 60 日　　　　D. 90 日

20. 公务员认为机关及其领导人员侵犯其合法权益的，可以依法向上级机关或者(　　)提出控告。

A. 公安机关　　　　B. 司法机关

C. 监察机关　　　　D. 检察机关

(三) 多项选择题

1. 公务员的(　　)，适用《公务员法》。

A. 义务　　　　B. 权力

C. 权利　　　　D. 管理

2. 公务员的管理，坚持(　　)的原则，依照法定的权限、条件、标准和程序进行。

A. 公开　　B. 平等
C. 竞争　　D. 择优

3. 公务员享有(　　)，不被免职、降职、辞退或者处分的权利。

A. 非因法定事由　　B. 非因法定情节
C. 非经法定程序　　D. 非经正当程序

4. 各机关依照确定的职能、(　　)以及结构比例，设置本机关公务员的具体职位，并确定各职位的工作职责和任职资格条件。

A. 规模　　B. 规格
C. 编制限额　　D. 职数

5. 招录机关根据考试成绩确定考察人选，并进行报考(　　)。

A. 资格复审　　B. 考察
C. 政审　　D. 体检

6. 公务员的考核应当按照管理权限，全面考核公务员的德、能、勤、绩、廉，重点考核(　　)。

A. 政治素质　　B. 道德品质
C. 工作实绩　　D. 廉洁奉公

7. 定期考核的结果作为调整公务员职位、职务、职级、级别、工资以及公务员(　　)的依据。

A. 奖励　　B. 辞退
C. 培训　　D. 晋升

8. 公务员职级应当逐级晋升，根据个人(　　)，参考民主推荐或者民主测评结果确定人选，经公示后，按照管理权限审批。

A. 德才表现　　B. 工作实绩
C. 任职资历　　D. 政治素质

9. 公务员或者公务员集体有(　　)情形的，撤销奖励。

A. 弄虚作假，骗取奖励的
B. 申报奖励时隐瞒严重错误或者严重违反规定程序的
C. 有严重违纪违法等行为，影响称号声誉的
D. 打架斗殴的

10. 公务员应当遵纪守法，不得(　　)。

A. 组织或者参加非法组织，组织或者参加罢工

B. 拒绝执行上级依法作出的决定和命令

C. 违反职业道德、社会公德和家庭美德

D. 不担当，不作为，玩忽职守，贻误工作

11. 公务员担任(　　)及其有关部门主要领导职务的，应当按照有关规定实行地域回避。

A. 乡级机关　　B. 县级机关

C. 设区的市级机关　　D. 省级机关

12. 公务员按照国家规定享受(　　)等津贴。

A. 地区附加津贴　　B. 中西部基层就业津贴

C. 艰苦边远地区津贴　　D. 岗位津贴

13. 公务员有(　　)情形的，不得辞去公职。

A. 未满国家规定的最低服务年限的

B. 重要公务尚未处理完毕，且须由本人继续处理的

C. 在涉及国家秘密等特殊职位任职或者离开上述职位不满国家规定的脱密期限的

D. 违法行政法规，正在接受行政处罚的

14. 公务员有(　　)情形的，不得辞退。

A. 因公致残，被确认丧失或者部分丧失工作能力的

B. 患病或者负伤，在规定的医疗期内的

C. 女性公务员在孕期、产假、哺乳期内的

D. 旷工或者因公外出、请假期满无正当理由逾期不归连续超过 15 天

15. 公务员提出申诉、控告，应当尊重事实，不得捏造事实，(　　)他人。

A. 诬告　　B. 诋毁

C. 侮辱　　D. 陷害

(四) 填空题

1. 公务员是____的重要组成部分，是社会主义事业的中坚力量，是人民的____。

2. 公务员应当具有正常履行职责的____和____。
3. 公务员应当忠于宪法，模范遵守、自觉维护____和____，自觉接受____领导。
4. 公务员的领导职务、职级应当对应相应的____。根据工作需要和领导职务与职级的对应关系，公务员担任的领导职务和职级可以互相____、____；符合规定资格条件的，可以晋升领导职务或者职级。
5. 公务员录用考试采取____等方式进行，考试内容根据公务员应当具备的____和不同____、不同____分别设置。
6. 非领导成员公务员的定期考核，先由____按照职位职责和有关要求进行总结，主管领导在听取____后，提出考核等次建议，由本机关____或者授权的____确定考核等次。
7. 公务员因违纪违法应当承担纪律责任的，依照《公务员法》给予处分或者由____依法给予____；违纪违法行为情节轻微，经批评教育后改正的，可以____。
8. 受处分的期间为：警告，____；记过，____；记大过，____；降级、撤职，____。
9. 公务员在不同职位之间转任应当具备拟任职位所要求的____，在规定的____和职数内进行。
10. 根据工作需要，机关可以采取____选派公务员承担重大工程、重大项目、____或者其他专项工作。
11. 国家根据____水平提高公务员的福利待遇。
12. 担任领导职务的公务员，因工作变动依照法律规定需要辞去现任职务的，应当履行____。
13. 被辞退的公务员，____领取辞退费或者根据国家有关规定享受____。
14. 受理公务员申诉的机关应当自受理之日起____内作出处理决定；案情复杂的，可以适当延长，但是延长时间不得超过____。复核、申诉期间____人事处理的执行。
15. 公务员申诉的受理机关审查认定人事处理有错误的，原处理机关应当及时____。

（五）简答题

1. 简述《公务员法》中规定的公务员应当履行的义务。
2. 简述不得录用为公务员的人员。
3. 简述给予公务员或者公务员集体奖励的情形。
4. 公务员应当遵纪守法，简述公务员不得有的违纪违法行为。
5. 简述公务员执行公务时应当回避的情形。
6. 简述公务员应当予以辞退的情形。

参考答案

（一）判断题

1. √，解析：根据《公务员法》第 4 条规定。
2. ×，解析：根据《公务员法》第 8 条规定，国家对公务员实行分类管理。
3. √，解析：根据《公务员法》第 14 条第 5 项规定。
4. ×，解析：根据《公务员法》第 19 条第 3 款规定，综合管理类以外其他职位类别公务员的职级序列，根据本法由国家另行规定。
5. √，解析：根据《公务员法》第 21 条规定。
6. ×，解析：根据《公务员法》第 23 条第 1 款规定，录用担任一级主任科员以下及其他相当职级层次的公务员，采取公开考试、严格考察、平等竞争、择优录取的办法。
7. √，解析：根据《公务员法》第 34 条规定。
8. ×，解析：根据《公务员法》第 38 条第 2 款规定，定期考核的结果应当以书面形式通知公务员本人。
9. ×，解析：根据《公务员法》第 40 条第 1 款规定，公务员领导职务实行选任制、委任制和聘任制。公务员职级实行委任制和聘任制。
10. √，解析：根据《公务员法》第 43 条规定。
11. ×，解析：根据《公务员法》第 51 条第 1 款规定，奖励坚持定期奖励与及时奖励相结合，精神奖励与物质奖励相结合、以精神奖励为主的原则。
12. √，解析：根据《公务员法》第 63 条规定。
13. ×，解析：根据《公务员法》第 65 条第 1 款规定，公务员受开除以外的处分，在受处分期间有悔改表现，并且没有再发生违纪违法行为的，处分期满后自动解除。

14. ×，解析：根据《公务员法》第66条第2款规定，机关根据需要也可以委托其他培训机构承担公务员培训任务。

15. ×，解析：根据《公务员法》第69条第2款规定，公务员可以在公务员和参照本法管理的工作人员队伍内部交流，也可以与国有企业和不参照本法管理的事业单位中从事公务的人员交流。

16. √，解析：根据《公务员法》第71条规定。

17. √，解析：根据《公务员法》第84条规定。

18. ×，解析：根据《公务员法》第85条规定，公务员辞去公职，应当向任免机关提出书面申请。任免机关应当自接到申请之日起30日内予以审批，其中对领导成员辞去公职的申请，应当自接到申请之日起90日内予以审批。

19. ×，解析：根据《公务员法》第92条规定，公务员达到国家规定的退休年龄或者完全丧失工作能力的，应当退休。

20. ×，解析：根据《公务员法》第95条第2款规定，对省级以下机关作出的申诉处理决定不服的，可以向作出处理决定的上一级机关提出再申诉。

（二）单项选择题

1. B，解析：根据《公务员法》第6条规定，公务员的管理，坚持监督约束与激励保障并重的原则。

2. A，解析：根据《公务员法》第7条规定，公务员的任用，坚持德才兼备、以德为先，坚持五湖四海、任人唯贤，坚持事业为上、公道正派，突出政治标准，注重工作实绩。

3. C，解析：根据《公务员法》第11条规定，公务员工资、福利、保险以及录用、奖励、培训、辞退等所需经费，列入财政预算，予以保障。

4. B，解析：根据《公务员法》第13条第2项规定，公务员应当具备下列条件：（2）年满18周岁。

5. C，解析：根据《公务员法》第22条规定，国家根据人民警察、消防救援人员以及海关、驻外外交机构等公务员的工作特点，设置与其领导职务、职级相对应的衔级。

6. A，解析：根据《公务员法》第24条规定，地方各级机关公务员的录用，由省级公务员主管部门负责组织，必要时省级公务员主管部门可以授权设区的市级公务员主管部门组织。

7. D，解析：根据《公务员法》第 36 条规定，公务员的考核分为平时考核、专项考核和定期考核等方式。
8. C，解析：根据《公务员法》第 41 条规定，选任制公务员在选举结果生效时即任当选职务。
9. D，解析：根据《公务员法》第 42 条规定，委任制公务员试用期满考核合格，职务、职级发生变化，以及其他情形需要任免职务、职级的，应当按照管理权限和规定的程序任免。
10. C，解析：根据《公务员法》第 45 条第 2 款规定，特别优秀的或者工作特殊需要的，可以按照规定破格或者越级晋升。
11. A，解析：根据《公务员法》第 48 条规定，公务员晋升领导职务的，应当按照有关规定实行任职前公示制度和任职试用期制度。
12. B，解析：根据《公务员法》第 50 条第 1 款规定，公务员的职务、职级实行能上能下。
13. A，解析：根据《公务员法》第 53 条第 1 款规定，奖励分为：嘉奖、记三等功、记二等功、记一等功、授予称号。
14. B，解析：根据《公务员法》第 57 条第 1 款规定，机关应当对公务员的思想政治、履行职责、作风表现、遵纪守法等情况进行监督，开展勤政廉政教育，建立日常管理监督制度。
15. B，解析：根据《公务员法》第 67 条第 2 款规定，国家有计划地加强对优秀年轻公务员的培训。
16. C，解析：根据《公务员法》第 74 条第 3 款规定，因地域或者工作性质特殊，需要变通执行任职回避的，由省级以上公务员主管部门规定。
17. A，解析：根据《公务员法》第 79 条第 2 款规定，公务员工资制度贯彻按劳分配的原则，体现工作职责、工作能力、工作实绩、资历等因素，保持不同领导职务、职级、级别之间的合理工资差距。
18. A，解析：根据《公务员法》第 90 条第 1 款规定，辞退决定应当以书面形式通知被辞退的公务员，并应当告知辞退依据和理由。
19. C，解析：根据《公务员法》第 96 条第 1 款规定，受理公务员申诉的机关应当自受理之日起 60 日内作出处理决定；案情复杂的，可以适当延长，但是延长时间不得超过 30 日。
20. C，解析：根据《公务员法》第 98 条规定，公务员认为机关及其领导人员侵犯其合法权益的，可以依法向上级机关或者监察机关提出控告。

（三）多项选择题

1. ACD，解析：根据《公务员法》第 3 条第 1 款规定，公务员的义务、权利和管理，适用本法。
2. ABCD，解析：根据《公务员法》第 5 条规定，公务员的管理，坚持公开、平等、竞争、择优的原则，依照法定的权限、条件、标准和程序进行。
3. AC，解析：根据《公务员法》第 15 条第 2 项规定，公务员享有下列权利：（2）非因法定事由、非经法定程序，不被免职、降职、辞退或者处分。
4. BCD，解析：根据《公务员法》第 20 条规定，各机关依照确定的职能、规格、编制限额、职数以及结构比例，设置本机关公务员的具体职位，并确定各职位的工作职责和任职资格条件。
5. ABD，解析：根据《公务员法》第 31 条第 1 款规定，招录机关根据考试成绩确定考察人选，并进行报考资格复审、考察和体检。
6. AC，解析：根据《公务员法》第 35 条规定，公务员的考核应当按照管理权限，全面考核公务员的德、能、勤、绩、廉，重点考核政治素质和工作实绩。
7. ABC，解析：根据《公务员法》第 39 条规定，定期考核的结果作为调整公务员职位、职务、职级、级别、工资以及公务员奖励、培训、辞退的依据。
8. ABC，解析：根据《公务员法》第 49 条规定，公务员职级应当逐级晋升，根据个人德才表现、工作实绩和任职资历，参考民主推荐或者民主测评结果确定人选，经公示后，按照管理权限审批。
9. ABC，解析：根据《公务员法》第 56 条规定，公务员或者公务员集体有下列情形之一的，撤销奖励：（1）弄虚作假，骗取奖励的；（2）申报奖励时隐瞒严重错误或者严重违反规定程序的；（3）有严重违纪违法等行为，影响称号声誉的；（4）有法律、法规规定应当撤销奖励的其他情形的。
10. ABCD，解析：根据《公务员法》第 59 条第 2 项、第 4 项、第 5 项、第 14 项规定，公务员应当遵纪守法，不得有下列行为：（2）组织或者参加非法组织，组织或者参加罢工；（4）不担当，不作为，玩忽职守，贻误工作；（5）拒绝执行上级依法作出的决定和命令；（14）违反职业道德、社会公德和家庭美德。
11. ABC，解析：根据《公务员法》第 75 条规定，公务员担任乡级机关、县级机关、设区的市级机关及其有关部门主要领导职务的，应当按照有关规定实行地域回避。

12. ACD，解析：根据《公务员法》第 80 条第 2 款规定，公务员按照国家规定享受地区附加津贴、艰苦边远地区津贴、岗位津贴等津贴。
13. ABC，解析：根据《公务员法》第 86 条规定，公务员有下列情形之一的，不得辞去公职：（1）未满国家规定的最低服务年限的；（2）在涉及国家秘密等特殊职位任职或者离开上述职位不满国家规定的脱密期限的；（3）重要公务尚未处理完毕，且须由本人继续处理的；（4）正在接受审计、纪律审查、监察调查，或者涉嫌犯罪，司法程序尚未终结的；（5）法律、行政法规规定的其他不得辞去公职的情形。
14. ABC，解析：根据《公务员法》第 89 条规定，对有下列情形之一的公务员，不得辞退：（1）因公致残，被确认丧失或者部分丧失工作能力的；（2）患病或者负伤，在规定的医疗期内的；（3）女性公务员在孕期、产假、哺乳期内的；（4）法律、行政法规规定的其他不得辞退的情形。
15. AD，解析：根据《公务员法》第 99 条规定，公务员提出申诉、控告，应当尊重事实，不得捏造事实，诬告、陷害他人。

（四）填空题

1. 干部队伍；公仆。（《公务员法》第 2 条）
2. 身体条件；心理素质。（《公务员法》第 13 条）
3. 宪法；法律；中国共产党。（《公务员法》第 14 条）
4. 级别；转任；兼任。（《公务员法》第 21 条）
5. 笔试和面试；基本能力；职位类别；层级机关。（《公务员法》第 30 条）
6. 个人；群众意见；负责人；考核委员会。（《公务员法》第 37 条）
7. 监察机关；政务处分；免予处分。（《公务员法》第 61 条）
8. 6 个月；12 个月；18 个月；24 个月。（《公务员法》第 64 条）
9. 资格条件；编制限额。（《公务员法》第 71 条）
10. 挂职方式；重点任务。（《公务员法》第 72 条）
11. 经济社会发展。（《公务员法》第 82 条）
12. 辞职手续。（《公务员法》第 87 条）
13. 可以；失业保险。（《公务员法》第 90 条）
14. 60 日；30 日；不停止。（《公务员法》第 96 条）
15. 予以纠正。（《公务员法》第 97 条）

（五）简答题

1. 答：根据《公务员法》第 14 条规定，公务员应当履行下列义务：（1）忠于宪法，模范遵守、自觉维护宪法和法律，自觉接受中国共产党领导；(2) 忠于国家，维护国家的安全、荣誉和利益；(3) 忠于人民，全心全意为人民服务，接受人民监督；(4) 忠于职守，勤勉尽责，服从和执行上级依法作出的决定和命令，按照规定的权限和程序履行职责，努力提高工作质量和效率；(5) 保守国家秘密和工作秘密；(6) 带头践行社会主义核心价值观，坚守法治，遵守纪律，恪守职业道德，模范遵守社会公德、家庭美德；(7) 清正廉洁，公道正派；(8) 法律规定的其他义务。

2. 答：根据《公务员法》第 26 条规定，下列人员不得录用为公务员：(1) 因犯罪受过刑事处罚的；(2) 被开除中国共产党党籍的；(3) 被开除公职的；(4) 被依法列为失信联合惩戒对象的；(5) 有法律规定不得录用为公务员的其他情形的。

3. 答：根据《公务员法》第 52 条规定，公务员或者公务员集体有下列情形之一的，给予奖励：(1) 忠于职守，积极工作，勇于担当，工作实绩显著的；(2) 遵纪守法，廉洁奉公，作风正派，办事公道，模范作用突出的；(3) 在工作中有发明创造或者提出合理化建议，取得显著经济效益或者社会效益的；(4) 为增进民族团结，维护社会稳定做出突出贡献的；(5) 爱护公共财产，节约国家资财有突出成绩的；(6) 防止或者消除事故有功，使国家和人民群众利益免受或者减少损失的；(7) 在抢险、救灾等特定环境中做出突出贡献的；(8) 同违纪违法行为作斗争有功绩的；(9) 在对外交往中为国家争得荣誉和利益的；(10) 有其他突出功绩的。

4. 答：根据《公务员法》第 59 条规定，公务员应当遵纪守法，不得有下列行为：(1) 散布有损宪法权威、中国共产党和国家声誉的言论，组织或者参加旨在反对宪法、中国共产党领导和国家的集会、游行、示威等活动；(2) 组织或者参加非法组织，组织或者参加罢工；(3) 挑拨、破坏民族关系，参加民族分裂活动或者组织、利用宗教活动破坏民族团结和社会稳定；(4) 不担当，不作为，玩忽职守，贻误工作；(5) 拒绝执行上级依法作出的决定和命令；(6) 对批评、申诉、控告、检举进行压制或者打击报复；(7) 弄虚作假，误导、欺骗领导和公众；(8) 贪污贿赂，利用职务之便为自己或者他人谋取私利；(9) 违反财经纪律，浪费国家资财；(10) 滥用职权，侵害公民、法人或者其他组织的合法权益；(11) 泄露国家秘密或者工作秘密；(12) 在对外交往中损害国家荣誉和利益；(13) 参与或者支持色情、吸毒、赌博、迷信等活动；(14) 违反职业道德、社会公德和家庭美德；(15) 违反有关规定参与禁止的网络传播行为或者网络活动；（16）违反有关规定从事或者参与营利性活动，在企业或者其他营利性组织中兼任职务；（17）旷工或者因公外出、请假期满无正当理由逾期不归；（18）违纪违法的其他行为。

5. 答：根据《公务员法》第 76 条规定，公务员执行公务时，有下列情形之一的，应当回避：（1）涉及本人利害关系的；（2）涉及与本人有本法第 74 条第 1 款所列亲属关系人员的利害关系的；（3）其他可能影响公正执行公务的。

6. 答：根据《公务员法》第 88 条规定，公务员有下列情形之一的，予以辞退：（1）在年度考核中，连续 2 年被确定为不称职的；（2）不胜任现职工作，又不接受其他安排的；（3）因所在机关调整、撤销、合并或者缩减编制员额需要调整工作，本人拒绝合理安排的；（4）不履行公务员义务，不遵守法律和公务员纪律，经教育仍无转变，不适合继续在机关工作，又不宜给予开除处分的；（5）旷工或者因公外出、请假期满无正当理由逾期不归连续超过 15 天，或者 1 年内累计超过 30 天的。

十五、公职人员政务处分法

（一）判断题

1. 公职人员任免机关、单位应当按照管理权限，加强对公职人员的监督，依法给予违法的公职人员政务处分。（　　）
2. 给予公职人员政务处分，坚持党管干部原则，集体讨论决定。（　　）
3. 公职人员 2 人以上共同违法，给予相同的政务处分。（　　）
4. 在共同违法行为中起次要或者辅助作用，违法行为情节轻微的，可以免予或者不予政务处分。（　　）
5. 公职人员因犯罪被判处管制、拘役或者有期徒刑以上刑罚的，应当予以开除。（　　）
6. 公职人员因犯罪被单处或者并处剥夺政治权利的，应当予以开除。（　　）
7. 公职人员有违法行为，有关机关依照规定给予组织处理的，监察机关可以同时给予政务处分。（　　）
8. 公职人员被开除的，不得录用为公务员。（　　）
9. 已经退休的公职人员退休前或者退休后有违法行为的，不再给予政务处分，但是应当按照规定相应调整其享受的待遇。（　　）
10. 弄虚作假，骗取职务、职级、衔级、级别、岗位和职员等级、职称、待遇、资格、学历、学位、荣誉、奖励或者其他利益的，予以警告、记过或者记大过；情节较重的，予以降级或者撤职；情节严重的，予以开除。（　　）
11. 泄露国家秘密、工作秘密，或者泄露因履行职责掌握的商业秘密、个人隐私，造成不良后果或者影响的，予以警告、记过或者记大过；情节较重的，予以降级或者撤职；情节严重的，予以开除。（　　）
12. 作出政务处分决定后，监察机关应当将调查认定的违法事实及拟给予政务处分的依据告知被调查人，听取被调查人的陈述和申辩，并对其陈述

的事实、理由和证据进行核实，记录在案。(　　)

13. 监察机关或者上级监察机关发现参与违法案件调查、处理人员有应当回避情形的，可以直接决定该人员回避。(　　)
14. 公职人员涉嫌违法，已经被立案调查，不宜继续履行职责的，监察机关可以决定暂停其履行职务。(　　)
15. 监察机关发现本机关或者下级监察机关作出的政务处分决定确有错误的，应当及时予以纠正或者责令下级监察机关及时予以纠正。(　　)
16. 复审、复核期间，应当停止原政务处分决定的执行。(　　)
17. 有关机关拒不执行政务处分决定的，应当由监察机关责令改正，依法给予处理。(　　)

(二) 单项选择题

1. 下列哪一项不属于政务处分的种类？(　　)

A. 警告　　B. 记过

C. 开除　　D. 罚款

2. 公职人员有下列哪一情形的，可以免予或者不予政务处分？(　　)

A. 主动交代本人应当受到政务处分的违法行为的

B. 检举他人违纪违法行为，经查证属实的

C. 在共同违法行为中起次要或者辅助作用的

D. 违法行为情节轻微，主动上交或者退赔违法所得的

3. 对公职人员的下列情形，不应当从重给予政务处分的是：(　　)

A. 在政务处分期内再次因过失违法，应当受到政务处分的

B. 阻止他人检举、提供证据的

C. 包庇同案人员的

D. 胁迫、唆使他人实施违法行为的

4. 关于公职人员违法取得的财物，下列哪一种说法是不正确的？(　　)

A. 除依法应当由其他机关没收、追缴或者责令退赔的，由监察机关没收、追缴或者责令退赔

B. 应当退还原所有人或者原持有人的，依法予以退还

C. 属于国家财产的，上缴国库

D. 不应当退还以及无法退还的，予以提存

5. 公职人员的下列哪一行为不应当受到政务处分？（　　）

A. 默许特定关系人利用本人职权或者职务上的影响谋取私利的

B. 拒不按照规定纠正特定关系人违规任职、兼职或者从事经营活动，且不服从职务调整的

C. 接受、提供可能影响公正行使公权力的宴请、旅游、健身、娱乐等活动安排，情节较轻的

D. 违反规定公款消费的

6. 关于监察机关政务处分调查程序，下列说法哪一项是错误的？（　　）

A. 可以由一名工作人员进行

B. 有权依法向有关单位和个人了解情况，有关单位和个人应当如实提供

C. 严禁以威胁、引诱、欺骗及其他非法方式收集证据

D. 以非法方式收集的证据不得作为给予政务处分的依据

7. 关于调查人员的回避，下列哪一项是不正确的？（　　）

A. 担任过本案的证人的调查人员，应当回避

B. 上级监察机关发现参与违法案件调查、处理人员有应当回避情形的，可以直接决定该人员回避

C. 监察机关负责人的回避，由上级监察机关决定

D. 其他参与违法案件调查、处理人员的回避，由本级监察机关讨论决定

8. 公职人员依法受到刑事责任追究，对此下列哪一种说法是正确的？（　　）

A. 监察机关不再给予政务处分

B. 监察机关仍可以自行调查，作出政务处分

C. 监察机关应当根据司法机关的生效判决、裁定、决定及其认定的事实和情节，给予政务处分

D. 应由该公职人员所在单位对其作出处分

9. 公职人员依法受到行政处罚的，对此下列哪一种说法是正确的？（　　）

A. 不影响监察机关对其给予政务处分

B. 监察机关应当给予其政务处分

C. 监察机关对其作出政务处分，无须再经立案调查核实

D. 监察机关作出政务处分的，应当根据行政处罚决定认定的事实和情节作出

10. 司法机关、行政机关依法改变原生效判决、裁定、决定等，对原政务处分决定产生影响的，监察机关应当如何处理？（　　）

A. 无需对原政务处分作出处理

B. 应当撤销原政务处分

C. 应当重新立案调查，重新作出处分决定

D. 应当根据改变后的判决、裁定、决定等重新作出相应处理

11. 监察机关对各级人民代表大会代表给予政务处分的，应当(　　)。

A. 经该人民代表大会批准

B. 经该人民代表大会常务委员会批准

C. 向有关的人民代表大会通报

D. 向有关的人民代表大会常务委员会通报

12. 下级监察机关根据上级监察机关的指定管辖决定进行调查的案件，调查终结后，对不属于本监察机关管辖范围内的监察对象，应当如何处理？（　　）

A. 交有管理权限的监察机关依法作出政务处分决定

B. 自行作出政务处分决定

C. 提请上级监察机关作出政务处分决定

D. 提请上级监察机关重新指定有管理权限的监察机关作出政务处分决定

13. 公职人员在被监察机关立案调查期间，下列做法哪一项是不正确的？（　　）

A. 未经监察机关同意，不得出境

B. 不得晋升职务

C. 不得办理退休手续

D. 公职人员所在机关可以对其作出处分

14. 对于受到降级以上政务处分的，应当由人事部门按照管理权限在作出政务处分决定后(　　)个月内办理职务、工资及其他有关待遇等的变更手续；特殊情况下，经批准可以适当延长办理期限，但是最长不得超过(　　)个月。

A. 1；6　　　　B. 2；6

C. 1；3　　　　D. 1；12

15. 公职人员对监察机关作出的涉及本人的政务处分决定不服，可以采取的救济措施是：（　　）

A. 直接向上一级监察机关申请复核

B. 向上一级监察机关投诉

C. 依法向作出决定的监察机关申请复审

D. 向人民法院提起行政诉讼

16. 因监察机关的过错导致政务处分被撤销的，对相关公职人员薪酬待遇受到的损失应当(　　)。

A. 予以赔偿　　B. 予以补偿

C. 不予赔偿　　D. 不予补偿

（三）多项选择题

1. 关于政务处分的期间，下列说法正确的是：（　　）

A. 记过，6 个月　　B. 记大过，12 个月

C. 降级，24 个月　　D. 撤职，24 个月

2. 下列情形可以免予或者不予政务处分的是：（　　）

A. 违法行为情节轻微，并主动交代本人应当受到政务处分的违法行为的

B. 主动采取措施，有效避免、挽回损失或者消除不良影响的

C. 因不明真相被裹挟或者被胁迫参与违法活动，经批评教育后确有悔改表现的

D. 在共同违法行为中起次要或者辅助作用，经批评教育后确有悔改表现的

3. 公职人员犯罪，有下列哪些情形之一的，予以开除？（　　）

A. 因故意犯罪被判处有期徒刑 1 年的

B. 因过失犯罪被判处有期徒刑 5 年的

C. 因犯罪被剥夺政治权利的

D. 因犯罪被单处罚金，造成不良影响的

4. 公职人员有两个以上违法行为的，应当如何处理？（　　）

A. 分别确定政务处分

B. 给予两种以上政务处分的，执行其中最重的政务处分

C. 给予撤职以下多个相同政务处分的，执行其中最重的政务处分

D. 给予撤职以下多个相同政务处分的，处分期最长不得超过 2 年

5. 对于公职人员的处分，下列哪些说法是不正确的？（　　）

A. 对公职人员的同一违法行为，监察机关和公职人员任免机关、单位不得重复给予政务处分和处分

B. 公职人员有违法行为，有关机关依照规定给予组织处理的，监察机关不再给予政务处分

C. 担任领导职务的公职人员有违法行为，被免去领导职务的，监察机关不再给予政务处分

D. 担任领导职务的公职人员有违法行为，主动辞去领导职务的，监察机关不再给予政务处分

6. 张某受到撤职的政务处分，关于处分的解除，下列哪些选项是错误的？（　　）

A. 在政务处分期内有悔改表现，并且没有再发生应当给予政务处分的违法行为的，由监察机关作出解除处分的决定

B. 解除处分的，晋升职务、职级、衔级、级别、岗位和职员等级、职称、薪酬待遇不再受原政务处分影响

C. 解除处分的，不恢复原职务、职级、衔级、级别、岗位和职员等级、职称、薪酬待遇

D. 处分期满后即自动解除

7. 对已经退休的公职人员在退休后的违法行为，下列哪些说法是正确的？（　　）

A. 应当给予政务处分

B. 可以对其立案调查

C. 降低其享受的待遇

D. 违法取得的财物，除依法应当由其他机关没收、追缴或者责令退赔的，由监察机关没收、追缴或者责令退赔

8. 对公职人员的下列哪些行为，应当予以政务处分？（　　）

A. 违反个人有关事项报告规定，隐瞒不报的

B. 篡改、伪造本人档案资料的

C. 拒不执行或者变相不执行、拖延执行上级依法作出的决定、命令的

D. 违反规定取得外国国籍或者获取境外永久居留资格、长期居留许可的

9. 关于监察机关政务处分程序，下列哪些说法是正确的？（　　）

A. 作出政务处分决定前，应当告知被调查人违法事实及拟给予政务处分的依据

B. 听取被调查人的陈述和申辩

C. 被调查人提出的事实、理由和证据成立的，应予采纳

D. 被调查人申辩的，可以对其加重处分

10. 调查终结后，监察机关作出的下列处理哪些是正确的？（　　）

A. 违法事实不能成立的，撤销案件

B. 符合免予、不予政务处分条件的，撤销案件

C. 确有应受政务处分的违法行为的，按照政务处分决定权限，履行规定的审批手续后，作出政务处分决定

D. 被调查人涉嫌其他违法或者犯罪行为的，依法移送主管机关处理

11. 监察机关欲对经县级以上各级人民代表大会常务委员会决定任命的公职人员予以撤职、开除，其下列哪些做法是不正确的？（　　）

A. 可以直接作出政务处分决定

B. 应当经该人民代表大会常务委员会决定后，再作出政务处分决定

C. 应当先依法撤销或者免去其职务，再作出政务处分决定

D. 应当提请上一级监察机关作出政务处分决定

12. 有下列哪些情形之一的，复审、复核机关应当撤销原政务处分决定，重新作出决定或者责令原作出决定的监察机关重新作出决定？（　　）

A. 政务处分所依据的违法事实不清

B. 政务处分所依据的证据不足的

C. 违反法定程序的

D. 超越职权作出政务处分决定的

13. 有下列哪些情形之一的，复审、复核机关应当变更原政务处分决定，或者责令原作出决定的监察机关予以变更？（　　）

A. 适用法律、法规确有错误的

B. 滥用职权作出政务处分决定的

C. 对违法行为的情节认定确有错误的

D. 政务处分不当的

14. 有关机关、单位、组织或者人员有下列哪些情形之一的，由其上级机关，主管部门，任免机关、单位或者监察机关责令改正，依法给予处理？（　　）

A. 拒不配合或者阻碍调查的

B. 对检举人、证人或者调查人员进行打击报复的

C. 诬告陷害公职人员的

D. 拒不采纳监察建议的

（四）填空题

1. 公职人员依法履行职责受法律保护，非因____、非经____，不受政务处分。
2. 政务处分的种类包括：____、记过、____、____、____、____。
3. 政务处分决定自____之日起生效，政务处分期自____之日起计算。
4. 公职人员 2 人以上____，根据各自在违法行为中所起的作用和应当承担的法律责任，分别给予政务处分。
5. 在共同违法行为中起____或者____作用的，可以从轻或者减轻给予政务处分。
6. 在政务处分期内再次____违法，应当受到____的，应当从重给予政务处分。
7. 公职人员因犯罪被____罚金，或者犯罪情节轻微，人民检察院依法作出____决定或者人民法院依法____的，予以撤职；造成不良影响的，予以开除。
8. 公务员以及参照《中华人民共和国公务员法》管理的人员在政务处分期内，不得晋升____、____、____和____；其中，被记过、记大过、降级、撤职的，不得晋升____。被撤职的，按照规定降低职务、职级、衔级和级别，同时降低工资和待遇。
9. 公职人员因违法行为获得的职务、职级、衔级、级别、岗位和职员等级、职称、待遇、资格、学历、学位、荣誉、奖励等其他利益，监察机关应当____有关机关、单位、组织按规定予以纠正。

10. 已经退休的公职人员退休前或者退休后有违法行为的，不再给予政务处分，但是可以对其____；依法应当予以降级、撤职、开除的，应当按照规定____其享受的待遇。
11. 违反____原则，个人或者少数人决定重大事项，或者拒不执行、擅自改变____作出的重大决定的，予以警告、记过或者记大过；情节严重的，予以降级或者撤职。
12. 违反规定从事或者参与____活动，或者违反规定____职务、领取报酬的，予以警告、记过或者记大过；情节较重的，予以降级或者撤职；情节严重的，予以开除。
13. 监察机关对涉嫌违法的公职人员进行调查，应当由____名以上工作人员进行。监察机关进行调查时，有权依法向有关单位和个人了解情况，收集、调取____。有关单位和个人应当____。
14. 作出政务处分决定前，监察机关应当将调查认定的____及拟给予政务处分的____告知被调查人，听取被调查人的____。不得因被调查人的申辩而____政务处分。
15. 政务处分决定书应当及时送达____，并____宣布。作出政务处分决定后，监察机关应当根据被处分人的具体身份____告知相关的机关、单位。
16. 监察机关对经中国人民政治协商会议各级委员会全体会议或者其常务委员会选举或者决定任命的公职人员予以撤职、开除的，应当先____，再依法作出政务处分决定。
17. 公职人员涉嫌违法，已经被立案调查，不宜继续履行职责的，公职人员任免机关、单位可以决定____其履行职务。
18. 监察机关在调查中发现公职人员受到不实检举、控告或者诬告陷害，造成不良影响的，应当按照规定及时____，____，消除不良影响。
19. 复审、复核期间，____原政务处分决定的执行。
20. 有关机关或者人员拒不配合或者阻碍调查的，由其____，____，____或者____责令改正，依法给予处理。

（五）简答题

1. 简述政务处分的种类及其处分期间。

2. 简述对公职人员可以从轻或者减轻给予政务处分的情形。
3. 简述对公职人员应当从重给予政务处分的情形。
4. 简述因公职人员犯罪予以开除的情形。
5. 简述在公职人员有两个以上违法行为时，应当如何作出政务处分。
6. 简述政务处分调查人员的回避事由。
7. 简述公职人员对政务处分的救济途径。
8. 简述政务处分决定被撤销后应当如何处理。

参考答案

（一）判断题

1. ×，解析：根据《公职人员政务处分法》第 3 条第 1 款规定，监察机关应当按照管理权限，加强对公职人员的监督，依法给予违法的公职人员政务处分。
2. √，解析：根据《公职人员政务处分法》第 4 条规定。
3. ×，解析：根据《公职人员政务处分法》第 9 条规定，公职人员 2 人以上共同违法，根据各自在违法行为中所起的作用和应当承担的法律责任，分别给予政务处分。
4. ×，解析：根据《公职人员政务处分法》第 12 条第 1 款规定，公职人员违法行为情节轻微，且具有本法第 11 条规定的情形之一的，可以对其进行谈话提醒、批评教育、责令检查或者予以诫勉，免予或者不予政务处分。
5. ×，解析：根据《公职人员政务处分法》第 14 条第 1 款第 1 项规定，公职人员因故意犯罪被判处管制、拘役或者有期徒刑以上刑罚（含宣告缓刑）的，应当予以开除。第 2 款规定，因过失犯罪被判处管制、拘役或者 3 年以下有期徒刑的，一般应当予以开除；案件情况特殊，予以撤职更为适当的，可以不予开除，但是应当报请上一级机关批准。
6. √，解析：根据《公职人员政务处分法》第 14 条规定。
7. √，解析：根据《公职人员政务处分法》第 17 条规定。
8. √，解析：根据《公职人员政务处分法》第 24 条规定。
9. ×，解析：根据《公职人员政务处分法》第 27 条第 1 款规定，已经退休的公职人员退休前或者退休后有违法行为的，不再给予政务处分，但是可以对其立案调查；依法应当予以降级、撤职、开除的，应当按照规定相应调整其享受的待遇，对其违法取得的财物和用于违法行为的本人财物依照本法第 25 条的规定处理。

10. √，解析：根据《公职人员政务处分法》第 32 条规定。
11. √，解析：根据《公职人员政务处分法》第 39 条规定。
12. ×，解析：根据《公职人员政务处分法》第 43 条规定，作出政务处分决定前，监察机关应当将调查认定的违法事实及拟给予政务处分的依据告知被调查人，听取被调查人的陈述和申辩，并对其陈述的事实、理由和证据进行核实，记录在案。
13. √，解析：根据《公职人员政务处分法》第 48 条规定。
14. ×，解析：根据《公职人员政务处分法》第 52 条第 1 款规定，公职人员涉嫌违法，已经被立案调查，不宜继续履行职责的，公职人员任免机关、单位可以决定暂停其履行职务。
15. √，解析：根据《公职人员政务处分法》第 55 条规定。
16. ×，解析：根据《公职人员政务处分法》第 56 条第 1 款规定，复审、复核期间，不停止原政务处分决定的执行。
17. ×，解析：根据《公职人员政务处分法》第 62 条第 1 项规定，有关机关、单位、组织或者人员拒不执行政务处分决定的，由其上级机关，主管部门，任免机关、单位或者监察机关责令改正，依法给予处理。

（二）单项选择题

1. D，解析：根据《公职人员政务处分法》第 7 条规定，政务处分的种类为：（1）警告；（2）记过；（3）记大过；（4）降级；（5）撤职；（6）开除。
2. D，解析：根据《公职人员政务处分法》第 11 条规定，公职人员有下列情形之一的，可以从轻或者减轻给予政务处分：（1）主动交代本人应当受到政务处分的违法行为的；（2）配合调查，如实说明本人违法事实的；（3）检举他人违纪违法行为，经查证属实的；（4）主动采取措施，有效避免、挽回损失或者消除不良影响的；（5）在共同违法行为中起次要或者辅助作用的；（6）主动上交或者退赔违法所得的；（7）法律、法规规定的其他从轻或者减轻情节。第 12 条第 1 款规定，公职人员违法行为情节轻微，且具有本法第 11 条规定的情形之一的，可以对其进行谈话提醒、批评教育、责令检查或者予以诫勉，免予或者不予政务处分。
3. A，解析：根据《公职人员政务处分法》第 13 条第 1 项规定，公职人员在政务处分期内再次故意违法，应当受到政务处分的，应当从重给予政务处分。

据此，过失违法的不从重给予政务处分。

4. D，解析：根据《公职人员政务处分法》第 25 条第 1 款规定，公职人员违法取得的财物和用于违法行为的本人财物，除依法应当由其他机关没收、追缴或者责令退赔的，由监察机关没收、追缴或者责令退赔；应当退还原所有人或者原持有人的，依法予以退还；属于国家财产或者不应当退还以及无法退还的，上缴国库。

5. C，解析：根据《公职人员政务处分法》第 33 条、第 34 条、第 35 条规定。其中，第 34 条第 2 款规定，接受、提供可能影响公正行使公权力的宴请、旅游、健身、娱乐等活动安排，情节较重的，才予以政务处分。

6. A，解析：根据《公职人员政务处分法》第 42 条规定，监察机关对涉嫌违法的公职人员进行调查，应当由 2 名以上工作人员进行。监察机关进行调查时，有权依法向有关单位和个人了解情况，收集、调取证据。有关单位和个人应当如实提供情况。严禁以威胁、引诱、欺骗及其他非法方式收集证据。以非法方式收集的证据不得作为给予政务处分的依据。

7. D，解析：根据《公职人员政务处分法》第 47 条、第 48 条规定，担任过本案的证人的调查人员应当自行回避，被调查人、检举人及其他有关人员也有权要求其回避。监察机关负责人的回避，由上级监察机关决定；其他参与违法案件调查、处理人员的回避，由监察机关负责人决定。监察机关或者上级监察机关发现参与违法案件调查、处理人员有应当回避情形的，可以直接决定该人员回避。

8. C，解析：根据《公职人员政务处分法》第 49 条第 1 款规定，公职人员依法受到刑事责任追究的，监察机关应当根据司法机关的生效判决、裁定、决定及其认定的事实和情节，依照本法规定给予政务处分。

9. A，解析：根据《公职人员政务处分法》第 49 条第 2 款规定，公职人员依法受到行政处罚，应当给予政务处分的，监察机关可以根据行政处罚决定认定的事实和情节，经立案调查核实后，依照本法给予政务处分。

10. D，解析：根据《公职人员政务处分法》第 49 条第 3 款规定，监察机关根据本条第 1 款、第 2 款的规定作出政务处分后，司法机关、行政机关依法改变原生效判决、裁定、决定等，对原政务处分决定产生影响的，监察机关应当根据改变后的判决、裁定、决定等重新作出相应处理。

11. D，解析：根据《公职人员政务处分法》第 50 条第 3 款规定，监察机关对各级人民代表大会代表、中国人民政治协商会议各级委员会委员给予政务处分的，应当向有关的人民代表大会常务委员会，乡、民族乡、镇的人民代表大会主席团或者中国人民政治协商会议委员会常务委员会通报。

12. A，解析：根据《公职人员政务处分法》第51条规定，下级监察机关根据上级监察机关的指定管辖决定进行调查的案件，调查终结后，对不属于本监察机关管辖范围内的监察对象，应当交有管理权限的监察机关依法作出政务处分决定。

13. D，解析：根据《公职人员政务处分法》第52条第2款规定，公职人员在被立案调查期间，未经监察机关同意，不得出境、辞去公职；被调查公职人员所在机关、单位及上级机关、单位不得对其交流、晋升、奖励、处分或者办理退休手续。

14. A，解析：根据《公职人员政务处分法》第54条规定，公职人员受到政务处分的，应当将政务处分决定书存入其本人档案。对于受到降级以上政务处分的，应当由人事部门按照管理权限在作出政务处分决定后1个月内办理职务、工资及其他有关待遇等的变更手续；特殊情况下，经批准可以适当延长办理期限，但是最长不得超过6个月。

15. C，解析：根据《公职人员政务处分法》第55条第1款规定，公职人员对监察机关作出的涉及本人的政务处分决定不服的，可以依法向作出决定的监察机关申请复审；公职人员对复审决定仍不服的，可以向上一级监察机关申请复核。

16. B，解析：根据《公职人员政务处分法》第60条第2款规定，公职人员因有本法第57条、第58条规定的情形被撤销政务处分或者减轻政务处分的，应当对其薪酬待遇受到的损失予以补偿。

（三）多项选择题

1. CD，解析：根据《公职人员政务处分法》第8条第1款规定，政务处分的期间为：（1）警告，6个月；（2）记过，12个月；（3）记大过，18个月；（4）降级、撤职，24个月。

2. AC，解析：根据《公职人员政务处分法》第12条规定，公职人员违法行为情节轻微，且具有本法第11条规定的情形之一的，可以对其进行谈话提醒、批评教育、责令检查或者予以诫勉，免予或者不予政务处分。公职人员因不明真相被裹挟或者被胁迫参与违法活动，经批评教育后确有悔改表现的，可以减轻、免予或者不予政务处分。

3. ABCD，解析：根据《公职人员政务处分法》第14条规定，公职人员犯罪，有下列情形之一的，予以开除：（1）因故意犯罪被判处管制、拘役或者有期徒刑以上刑罚（含宣告缓刑）的；（2）因过失犯罪被判处有期徒刑，刑期超过 3 年的；（3）因犯罪被单处或者并处剥夺政治权利的。因过失犯罪被判处管制、拘役或者 3 年以下有期徒刑的，一般应当予以开除；案件情况特殊，予以撤职更为适当的，可以不予开除，但是应当报请上一级机关批准。公职人员因犯罪被单处罚金，或者犯罪情节轻微，人民检察院依法作出不起诉决定或者人民法院依法免予刑事处罚的，予以撤职；造成不良影响的，予以开除。

4. AB，解析：根据《公职人员政务处分法》第 15 条规定，公职人员有两个以上违法行为的，应当分别确定政务处分。应当给予两种以上政务处分的，执行其中最重的政务处分；应当给予撤职以下多个相同政务处分的，可以在一个政务处分期以上、多个政务处分期之和以下确定政务处分期，但是最长不得超过 48 个月。
5. BCD，解析：根据《公职人员政务处分法》第 16 条规定，对公职人员的同一违法行为，监察机关和公职人员任免机关、单位不得重复给予政务处分和处分。第 17 条规定，公职人员有违法行为，有关机关依照规定给予组织处理的，监察机关可以同时给予政务处分。第 18 条规定，担任领导职务的公职人员有违法行为，被罢免、撤销、免去或者辞去领导职务的，监察机关可以同时给予政务处分。
6. AD，解析：根据《公职人员政务处分法》第 26 条第 2 款规定，公职人员受到开除以外的政务处分，在政务处分期内有悔改表现，并且没有再发生应当给予政务处分的违法行为的，政务处分期满后自动解除，晋升职务、职级、衔级、级别、岗位和职员等级、职称、薪酬待遇不再受原政务处分影响。但是，解除降级、撤职的，不恢复原职务、职级、衔级、级别、岗位和职员等级、职称、薪酬待遇。
7. BD，解析：根据《公职人员政务处分法》第 27 条第 1 款规定，已经退休的公职人员退休前或者退休后有违法行为的，不再给予政务处分，但是可以对其立案调查；依法应当予以降级、撤职、开除的，应当按照规定相应调整其享受的待遇，对其违法取得的财物和用于违法行为的本人财物依照本法第 25 条的规定处理。
8. BCD，解析：根据《公职人员政务处分法》第 29 条第 2 款规定，违反个人有关事项报告规定，隐瞒不报，情节较重的，予以警告、记过或者记大过。据此，A 项需要情节严重，故错误。BCD 项分别符合《公职人员政务处分法》

第29条第3款、第30条、第31条规定。

9. ABC，解析：根据《公职人员政务处分法》第43条规定，作出政务处分决定前，监察机关应当将调查认定的违法事实及拟给予政务处分的依据告知被调查人，听取被调查人的陈述和申辩，并对其陈述的事实、理由和证据进行核实，记录在案。被调查人提出的事实、理由和证据成立的，应予采纳。不得因被调查人的申辩而加重政务处分。

10. ACD，解析：根据《公职人员政务处分法》第44条规定，调查终结后，监察机关应当根据下列不同情况，分别作出处理：（1）确有应受政务处分的违法行为的，根据情节轻重，按照政务处分决定权限，履行规定的审批手续后，作出政务处分决定；（2）违法事实不能成立的，撤销案件；（3）符合免予、不予政务处分条件的，作出免予、不予政务处分决定；（4）被调查人涉嫌其他违法或者犯罪行为的，依法移送主管机关处理。

11. ABD，解析：根据《公职人员政务处分法》第50条第1款规定，监察机关对经各级人民代表大会、县级以上各级人民代表大会常务委员会选举或者决定任命的公职人员予以撤职、开除的，应当先依法罢免、撤销或者免去其职务，再依法作出政务处分决定。

12. ABD，解析：根据《公职人员政务处分法》第57条规定，有下列情形之一的，复审、复核机关应当撤销原政务处分决定，重新作出决定或者责令原作出决定的监察机关重新作出决定：（1）政务处分所依据的违法事实不清或者证据不足的；（2）违反法定程序，影响案件公正处理的；（3）超越职权或者滥用职权作出政务处分决定的。

13. ACD，解析：根据《公职人员政务处分法》第58条规定，有下列情形之一的，复审、复核机关应当变更原政务处分决定，或者责令原作出决定的监察机关予以变更：（1）适用法律、法规确有错误的；（2）对违法行为的情节认定确有错误的；（3）政务处分不当的。B项属于应予撤销的情形。

14. ABC，解析：根据《公职人员政务处分法》第62条规定，有关机关、单位、组织或者人员有下列情形之一的，由其上级机关，主管部门，任免机关、单位或者监察机关责令改正，依法给予处理：（1）拒不执行政务处分决定的；（2）拒不配合或者阻碍调查的；（3）对检举人、证人或者调查人员进行打击报复的；（4）诬告陷害公职人员的；（5）其他违反本法规定的情形。

（四）填空题

1. 法定事由；法定程序。（《公职人员政务处分法》第6条）

2. 警告；记大过；降级；撤职；开除。（《公职人员政务处分法》第 7 条）
3. 作出；政务处分决定生效。（《公职人员政务处分法》第 8 条）
4. 共同违法。（《公职人员政务处分法》第 9 条）
5. 次要；辅助。（《公职人员政务处分法》第 11 条）
6. 故意；政务处分。（《公职人员政务处分法》第 13 条）
7. 单处；不起诉；免予刑事处罚。（《公职人员政务处分法》第 14 条）
8. 职务；职级；衔级；级别；工资档次。（《公职人员政务处分法》第 19 条）
9. 建议。（《公职人员政务处分法》第 25 条）
10. 立案调查；相应调整。（《公职人员政务处分法》第 27 条）
11. 民主集中制；集体。（《公职人员政务处分法》第 30 条）
12. 营利性；兼任。（《公职人员政务处分法》第 36 条）
13. 2；证据；如实提供情况。（《公职人员政务处分法》第 42 条）
14. 违法事实；依据；陈述和申辩；加重。（《公职人员政务处分法》第 43 条）
15. 被处分人和被处分人所在机关、单位；在一定范围内；书面。（《公职人员政务处分法》第 46 条）
16. 依章程免去其职务。（《公职人员政务处分法》第 50 条）
17. 暂停。（《公职人员政务处分法》第 52 条）
18. 澄清事实；恢复名誉。（《公职人员政务处分法》第 53 条）
19. 不停止。（《公职人员政务处分法》第 56 条）
20. 上级机关；主管部门；任免机关、单位；监察机关。（《公职人员政务处分法》第 62 条）

（五）简答题

1. 答：根据《公职人员政务处分法》第 7 条规定，政务处分的种类为：（1）警告；（2）记过；（3）记大过；（4）降级；（5）撤职；（6）开除。第 8 条规定，政务处分的期间为：（1）警告，6 个月；（2）记过，12 个月；（3）记大过，18 个月；（4）降级、撤职，24 个月。政务处分决定自作出之日起生效，政务处分期自政务处分决定生效之日起计算。
2. 答：根据《公职人员政务处分法》第 11 条规定，公职人员有下列情形之一的，可以从轻或者减轻给予政务处分：（1）主动交代本人应当受到政务处分的违法行为的；（2）配合调查，如实说明本人违法事实的；（3）检举他人违纪违法行为，经查证属实的；（4）主动采取措施，有效避免、挽回损失或者消除不良影响的；（5）在共同违法行为中起次要或者辅助作用的；（6）主动上交或者退赔违法所得的；（7）法律、法规规定的其他从轻或者减轻情节。

3. 答：根据《公职人员政务处分法》第 13 条规定，公职人员有下列情形之一的，应当从重给予政务处分：（1）在政务处分期内再次故意违法，应当受到政务处分的；（2）阻止他人检举、提供证据的；（3）串供或者伪造、隐匿、毁灭证据的；（4）包庇同案人员的；（5）胁迫、唆使他人实施违法行为的；（6）拒不上交或者退赔违法所得的；（7）法律、法规规定的其他从重情节。

4. 答：根据《公职人员政务处分法》第 14 条规定，公职人员犯罪，有下列情形之一的，予以开除：（1）因故意犯罪被判处管制、拘役或者有期徒刑以上刑罚（含宣告缓刑）的；（2）因过失犯罪被判处有期徒刑，刑期超过 3 年的；（3）因犯罪被单处或者并处剥夺政治权利的。因过失犯罪被判处管制、拘役或者 3 年以下有期徒刑的，一般应当予以开除；案件情况特殊，予以撤职更为适当的，可以不予开除，但是应当报请上一级机关批准。公职人员因犯罪被单处罚金，或者犯罪情节轻微，人民检察院依法作出不起诉决定或者人民法院依法免予刑事处罚的，予以撤职；造成不良影响的，予以开除。

5. 答：根据《公职人员政务处分法》第 15 条规定，公职人员有两个以上违法行为的，应当分别确定政务处分。应当给予两种以上政务处分的，执行其中最重的政务处分；应当给予撤职以下多个相同政务处分的，可以在一个政务处分期以上、多个政务处分期之和以下确定政务处分期，但是最长不得超过 48 个月。

6. 答：根据《公职人员政务处分法》第 47 条规定，参与公职人员违法案件调查、处理的人员有下列情形之一的，应当自行回避，被调查人、检举人及其他有关人员也有权要求其回避：（1）是被调查人或者检举人的近亲属的；（2）担任过本案的证人的；（3）本人或者其近亲属与调查的案件有利害关系的；（4）可能影响案件公正调查、处理的其他情形。

7. 答：根据《公职人员政务处分法》第 55 条第 1 款规定，公职人员对监察机关作出的涉及本人的政务处分决定不服的，可以依法向作出决定的监察机关申请复审；公职人员对复审决定仍不服的，可以向上一级监察机关申请复核。

8. 答：根据《公职人员政务处分法》第 60 条规定，公职人员政务处分决定被撤销的，应当恢复该公职人员的级别、薪酬待遇，按照原职务、职级、衔级、岗位和职员等级安排相应的职务、职级、衔级、岗位和职员等级，并在原政务处分决定公布范围内为其恢复名誉。没收、追缴财物错误的，应当依法予以返还、赔偿。公职人员因有本法第 57 条、第 58 条规定的情形被撤销政务处分或者减轻政务处分的，应当对其薪酬待遇受到的损失予以补偿。

十六、监察法

（一）判断题

1. 为了深化国家监察体制改革，加强对所有公职人员的监督，实现国家监察全面覆盖，深入开展反腐败工作，推进国家治理体系和治理能力现代化，根据宪法，制定《监察法》。（　　）
2. 监察机关办理职务违法和职务犯罪案件，应当与审判机关、检察机关、执法部门互相配合，互相监督。（　　）
3. 国家监察委员会指导地方各级监察委员会的工作，上级监察委员会指导下级监察委员会的工作。（　　）
4. 监察机构、监察专员对派驻或者派出它的监察委员会负责。（　　）
5. 上级监察机关可以将其所管辖的监察事项指定下级监察机关管辖，必要时也可以将下级监察机关有管辖权的监察事项指定给其他监察机关管辖。（　　）
6. 对可能发生职务违法的监察对象，监察机关按照管理权限，只能直接进行谈话或者要求说明情况。（　　）
7. 在调查过程中，监察机关可以询问证人等人员。（　　）
8. 监察机关在调查过程中，应当直接或者指派、聘请具有专门知识、资格的人员在调查人员主持下进行勘验检查。（　　）
9. 依法应当留置的被调查人如果在逃，监察机关可以决定在本行政区域内通缉，由监察机关发布通缉令，追捕归案。（　　）
10. 监察机关依照本法规定收集的物证、书证、证人证言、被调查人供述和辩解、视听资料、电子数据等证据材料，在刑事诉讼中可以作为证据使用。（　　）
11. 监察机关对于报案或者举报，应当接受并按照有关规定处理。（　　）
12. 需要采取初步核实方式处置问题线索的，监察机关应当依法履行审批程序，成立调查组。（　　）

13. 调查人员采取讯问、询问、留置、搜查、调取、查封、扣押、勘验检查等调查措施，均应当依照规定出示证件，出具书面通知，由 3 人以上进行，形成笔录、报告等书面材料，并由相关人员签名、盖章。(　　)
14. 对调查过程中的重要事项，应当集体研究后按程序请示报告。(　　)
15. 对被调查人采取留置措施后，应当在 12 小时以内，通知被留置人员所在单位和家属，但有可能毁灭、伪造证据，干扰证人作证或者串供等有碍调查情形的除外。(　　)
16. 监察对象对监察机关作出的涉及本人的处理决定不服的，可以在收到处理决定之日起 1 个月内，向作出决定的监察机关申请复审，复审机关应当在 1 个月内作出复审决定。(　　)
17. 最高人民检察院统筹协调与其他国家、地区、国际组织开展的反腐败国际交流、合作，组织反腐败国际条约实施工作。(　　)
18. 各级监察委员会应当接受上级人民代表大会及其常务委员会的监督。(　　)
19. 监察人员必须模范遵守宪法和法律，忠于职守、秉公执法，清正廉洁、保守秘密；必须具有良好的政治素质，熟悉监察业务，具备运用法律、法规、政策和调查取证等能力，自觉接受监督。(　　)
20. 有关单位拒不执行监察机关作出的处理决定，或者无正当理由拒不采纳监察建议的，由其主管部门、上级机关责令改正，对单位给予通报批评；对负有责任的领导人员和直接责任人员依法给予刑事处罚。(　　)
21. 监察机关及其工作人员行使职权，侵犯公民、法人和其他组织的合法权益造成损害的，依法给予国家补偿。(　　)

（二）单项选择题

1. 坚持中国共产党对国家监察工作的领导，以马克思列宁主义、毛泽东思想、邓小平理论、“三个代表”重要思想、科学发展观、习近平新时代中国特色社会主义思想为指导，构建集中统一、权威高效的中国特色国家(　　)。

A. 监察体制　　B. 监督体制

C. 监管体制　　D. 制约体制

2. 地方各级监察委员会对本级人民代表大会及其常务委员会和(　　)监察委员会负责，并接受其监督。

A. 上一级　　B. 本级

C. 市级以上　　D. 省级以上

3. 派驻或者派出的监察机构、监察专员根据授权，按照管理权限依法对公职人员进行监督，提出监察建议，依法对公职人员进行(　　)、处置。

A. 处罚　　B. 处分

C. 调查　　D. 教育

4. 监察机关之间对监察事项的管辖有争议的，由(　　)监察机关确定。

A. 国家监察委员会　　B. 省级

C. 市级以上　　D. 其共同的上级

5. 监察机关行使监督、调查职权，有权依法向有关单位和个人了解情况，收集、调取证据。有关单位和个人(　　)如实提供。

A. 应当　　B. 可以

C. 必须　　D. 应该

6. 在调查过程中，对涉嫌职务违法的被调查人，监察机关可以要求其就涉嫌违法行为作出陈述，(　　)向被调查人出具书面通知。

A. 应当　　B. 可以

C. 必须　　D. 必要时

7. 监察机关在调查过程中，可以调取、查封、扣押用以(　　)被调查人涉嫌违法犯罪的财物、文件和电子数据等信息。

A. 证实　　B. 查证

C. 证明　　D. 验证

8. 监察机关为防止被调查人及相关人员逃匿境外，经(　　)监察机关批准，可以对被调查人及相关人员采取限制出境措施，由公安机关依法执行。

A. 县级以上　　B. 市级以上

C. 省级以上　　D. 中央

9. 监察机关对于报案或者举报，应当接受并按照有关规定处理。对于不属于本机关管辖的，应当移送(　　)机关处理。

A. 主管　　B. 上级
C. 有管辖权　　D. 省级

10. 初步核实情况报告和分类处理意见报(　　)审批。
A. 监察委员会主任　　B. 监察机关主要负责人
C. 监察机关分管领导　　D. 监察委员会副主任

11. 监察机关对职务违法和职务犯罪案件，应当进行调查，收集被调查人有无违法犯罪以及情节轻重的证据，查明违法犯罪事实，形成相互印证、完整稳定的(　　)。
A. 事实链　　B. 情节链
C. 证据链　　D. 证明链

12. 被留置人员涉嫌犯罪移送司法机关后，被依法判处管制、拘役和有期徒刑的，留置 1 日折抵管制(　　)，折抵拘役、有期徒刑 1 日。
A. 1 日　　B. 2 日
C. 3 日　　D. 4 日

13. 监察机关经调查，对违法取得的财物，依法予以没收、追缴或者责令退赔；对涉嫌犯罪取得的财物，应当随案移送(　　)。
A. 公安机关　　B. 人民法院
C. 人民检察院　　D. 上级监察机关

14. 监察机关(　　)依法公开监察工作信息，接受民主监督、社会监督、舆论监督。
A. 应当　　B. 可以
C. 必须　　D. 应该

15. 监察人员辞职、退休(　　)内，不得从事与监察和司法工作相关联且可能发生利益冲突的职业。
A. 2 年　　B. 3 年
C. 4 年　　D. 5 年

16. 监察对象对控告人、检举人、证人或者监察人员进行报复陷害的；控告人、检举人、证人捏造事实诬告陷害监察对象的，依法给予(　　)。
A. 处罚　　B. 处分
C. 处置　　D. 处理

17. 违反《监察法》规定，构成犯罪的，依法追究(　　)。

A. 刑事责任　　B. 行政责任

C. 民事责任　　D. 赔偿责任

(三) 多项选择题

1. 国家监察工作坚持标本兼治、综合治理，强化监督问责，严厉惩治腐败；深化改革、健全法治，有效制约和监督权力；加强(　　)，弘扬中华优秀传统文化，构建不敢腐、不能腐、不想腐的长效机制。

A. 法制教育　　B. 法治教育

C. 道德教育　　D. 廉政教育

2. 各级监察委员会可以向本级中国共产党机关、国家机关、法律法规授权或者委托管理公共事务的组织和单位以及所管辖的(　　)等派驻或者派出监察机构、监察专员。

A. 行政区域　　B. 国有企业

C. 事业单位　　D. 中央企业

3. 监察机关认为所管辖的监察事项(　　)，需要由上级监察机关管辖的，可以报请上级监察机关管辖。

A. 重大　　B. 重要

C. 复杂　　D. 繁杂

4. 对涉嫌(　　)等职务犯罪的被调查人，监察机关可以进行讯问，要求其如实供述涉嫌犯罪的情况。

A. 玩忽职守　　B. 贪污贿赂

C. 徇私舞弊　　D. 失职渎职

5. 被调查人涉嫌贪污贿赂、失职渎职等严重职务违法或者职务犯罪，监察机关已经掌握其部分违法犯罪事实及证据，仍有重要问题需要进一步调查，并有(　　)情形的，经监察机关依法审批，可以将其留置在特定场所。

A. 涉及案情重大、复杂的

B. 可能逃跑、自杀的

C. 可能串供或者伪造、隐匿、毁灭证据的

D. 可能有其他妨碍调查行为的

6. 监察机关调查涉嫌贪污贿赂、失职渎职等严重职务违法或者职务犯罪，根据工作需要，可以依照规定(　　)涉案单位和个人的存款、汇款、债券、股票、基金份额等财产。

A. 查询　　B. 扣押

C. 冻结　　D. 拍卖

7. 监察机关可以对涉嫌职务犯罪的被调查人以及可能隐藏被调查人或者犯罪证据的人的(　　)和其他有关地方进行搜查。

A. 身体　　B. 物品

C. 住处　　D. 经营场所

8. (　　)等国家机关在工作中发现公职人员涉嫌贪污贿赂、失职渎职等职务违法或者职务犯罪的问题线索，应当移送监察机关，由监察机关依法调查处置。

A. 人民法院　　B. 人民检察院

C. 公安机关　　D. 审计机关

9. 调查人员进行讯问以及(　　)等重要取证工作，应当对全过程进行录音录像，留存备查。

A. 搜查　　B. 查封

C. 扣押　　D. 冻结

10. 监察机关通过设立内部专门的监督机构等方式，加强对监察人员执行职务和遵守法律情况的监督，建设(　　)的监察队伍。

A. 忠诚　　B. 干净

C. 担当　　D. 守法

11. 办理监察事项的监察人员有(　　)情形的，应当自行回避，监察对象、检举人及其他有关人员也有权要求其回避。

A. 是监察对象或者检举人的近亲属的

B. 担任过本案的证人的

C. 本人或者其近亲属与办理的监察事项有利害关系的

D. 有可能影响监察事项公正处理的其他情形的

（四）填空题

1. 监察委员会依照法律规定____行使监察权，不受行政机关、____和个人的干涉。
2. 国家监察工作坚持____、综合治理，强化监督问责，严厉惩治腐败；深化改革、健全法治，有效制约和监督权力；加强法治教育和____，弘扬中华优秀传统文化，构建不敢腐、不能腐、不想腐的____。
3. 中华人民共和国国家监察委员会是最高____。省、____、直辖市、自治州、县、自治县、市、____设立监察委员会。
4. 国家实行监察官制度，依法确定监察官的等级设置、____、考评和____等制度。
5. 监察机关及其工作人员对监督、调查过程中知悉的____、____、个人隐私，应当保密。任何单位和个人不得伪造、____或者____证据。
6. 监察机关在搜查时，应当出示____，并有被搜查人或者其____等____在场。
7. 监察机关在调查过程中，对于案件中的____问题，可以指派、____有专门知识的人进行鉴定。鉴定人进行鉴定后，应当出具____，并且____。
8. 采取技术调查措施的批准决定应当明确采取技术调查措施的____和____，自签发之日起 3 个月以内有效；对于复杂、疑难案件，期限届满仍有必要继续采取技术调查措施的，经过批准，有效期可以延长，每次不得超过____。对于不需要继续采取技术调查措施的，应当及时____。
9. 以____收集的证据应当依法予以____，不得作为案件处置的依据。
10. 监察机关应当严格按照程序开展工作，建立问题线索处置、调查、审理各部门相互____、相互____的工作机制。
11. 初步核实工作结束后，核查组应当撰写初步核实____，提出处理建议。承办部门应当提出____意见。
12. 监察机关主要负责人依法批准立案后，应当主持召开____，研究确定调查方案，决定需要采取的____。
13. 省级监察机关采取留置措施，应当报国家监察委员会____。留置时间不得超过____。

14. 讯问被留置人员应当合理安排讯问____和时长，讯问笔录由被讯问人阅看后____。
15. 对于补充调查的案件，应当在____内补充调查完毕。补充调查以____为限。
16. 国家监察委员会组织协调有关方面加强与有关国家、地区、国际组织在反腐败执法、引渡、____、被判刑人的移管、____和信息交流等领域的合作。
17. 发现办理监察事项的监察人员未经批准接触被调查人、____及其特定关系人，或者存在交往情形的，知情人应当及时____。有关情况应当登记____。
18. 对调查工作结束后发现立案依据____或者失实，案件处置出现重大失误，监察人员严重____的，应当追究负有责任的领导人员和直接责任人员的____。

（五）简答题

1. 简述监察委员会依照《监察法》和有关法律规定所应履行的职责。
2. 简述监察机关可以对哪些人员进行监察。
3. 简述在哪些情形下，监察机关可以对主动认罪认罚的涉嫌职务犯罪的被调查人提出从宽处罚建议。
4. 简述监察机关根据监督、调查结果，可以依法作出哪些处置。
5. 简述国家监察委员会加强对反腐败国际追逃追赃和防逃工作的组织协调，督促有关单位做好哪些相关工作。
6. 简述监察机关及其工作人员有哪些行为的，被调查人及其近亲属有权向该机关申诉。
7. 简述监察机关及其工作人员有哪些行为，对负有责任的领导人员和直接责任人员依法给予处理。

参考答案

（一）判断题

1. ×，解析：根据《监察法》第 1 条规定，为了深化国家监察体制改革，加强对所有行使公权力的公职人员的监督，实现国家监察全面覆盖，深入开展反腐败工作，推进国家治理体系和治理能力现代化，根据宪法，制定本法。

2. ×，解析：根据《监察法》第4条第2款规定，监察机关办理职务违法和职务犯罪案件，应当与审判机关、检察机关、执法部门互相配合，互相制约。

3. ×，解析：根据《监察法》第10条规定，国家监察委员会领导地方各级监察委员会的工作，上级监察委员会领导下级监察委员会的工作。

4. √，解析：根据《监察法》第12条规定。

5. ×，解析：根据《监察法》第17条第1款规定，上级监察机关可以将其所管辖的监察事项指定下级监察机关管辖，也可以将下级监察机关有管辖权的监察事项指定给其他监察机关管辖。

6. ×，解析：根据《监察法》第19条规定，对可能发生职务违法的监察对象，监察机关按照管理权限，可以直接或者委托有关机关、人员进行谈话或者要求说明情况。

7. √，解析：根据《监察法》第21条规定。

8. ×，解析：根据《监察法》第26条规定，监察机关在调查过程中，可以直接或者指派、聘请具有专门知识、资格的人员在调查人员主持下进行勘验检查。

9. ×，解析：根据《监察法》第29条规定，依法应当留置的被调查人如果在逃，监察机关可以决定在本行政区域内通缉，由公安机关发布通缉令，追捕归案。

10. √，解析：根据《监察法》第33条规定。

11. √，解析：根据《监察法》第35条规定。

12. ×，解析：根据《监察法》第38条规定，需要采取初步核实方式处置问题线索的，监察机关应当依法履行审批程序，成立核查组。

13. ×，解析：根据《监察法》第41条第1款规定，调查人员采取讯问、询问、留置、搜查、调取、查封、扣押、勘验检查等调查措施，均应当依照规定出示证件，出具书面通知，由2人以上进行，形成笔录、报告等书面材料，并由相关人员签名、盖章。

14. √，解析：根据《监察法》第42条规定。

15. ×，解析：根据《监察法》第44条第1款规定，对被调查人采取留置措施后，应当在24小时以内，通知被留置人员所在单位和家属，但有可能毁灭、伪造证据，干扰证人作证或者串供等有碍调查情形的除外。

16. √，解析：根据《监察法》第 49 条规定。

17. ×，解析：根据《监察法》第 50 条规定，国家监察委员会统筹协调与其他国家、地区、国际组织开展的反腐败国际交流、合作，组织反腐败国际条约实施工作。

18. ×，解析：根据《监察法》第 53 条第 1 款规定，各级监察委员会应当接受本级人民代表大会及其常务委员会的监督。

19. √，解析：根据《监察法》第 56 条规定。

20. ×，解析：根据《监察法》第 62 条规定，有关单位拒不执行监察机关作出的处理决定，或者无正当理由拒不采纳监察建议的，由其主管部门、上级机关责令改正，对单位给予通报批评；对负有责任的领导人员和直接责任人员依法给予处理。

21. ×，解析：根据《监察法》第 67 条规定，监察机关及其工作人员行使职权，侵犯公民、法人和其他组织的合法权益造成损害的，依法给予国家赔偿。

（二）单项选择题

1. A，解析：根据《监察法》第 2 条规定，坚持中国共产党对国家监察工作的领导，以马克思列宁主义、毛泽东思想、邓小平理论、“三个代表”重要思想、科学发展观、习近平新时代中国特色社会主义思想为指导，构建集中统一、权威高效的中国特色国家监察体制。

2. A，解析：根据《监察法》第 9 条第 4 款规定，地方各级监察委员会对本级人民代表大会及其常务委员会和上一级监察委员会负责，并接受其监督。

3. C，解析：根据《监察法》第 13 条规定，派驻或者派出的监察机构、监察专员根据授权，按照管理权限依法对公职人员进行监督，提出监察建议，依法对公职人员进行调查、处置。

4. D，解析：根据《监察法》第 16 条第 3 款规定，监察机关之间对监察事项的管辖有争议的，由其共同的上级监察机关确定。

5. A，解析：根据《监察法》第 18 条第 1 款规定，监察机关行使监督、调查职权，有权依法向有关单位和个人了解情况，收集、调取证据。有关单位和个人应当如实提供。

6. D，解析：根据《监察法》第 20 条第 1 款规定，在调查过程中，对涉嫌职务违法的被调查人，监察机关可以要求其就涉嫌违法行为作出陈述，必要时向被调查人出具书面通知。

7. C，解析：根据《监察法》第 25 条第 1 款规定，监察机关在调查过程中，可以调取、查封、扣押用以证明被调查人涉嫌违法犯罪的财物、文件和电子数据等信息。

8. C，解析：根据《监察法》第30条规定，监察机关为防止被调查人及相关人员逃匿境外，经省级以上监察机关批准，可以对被调查人及相关人员采取限制出境措施，由公安机关依法执行。
9. A，解析：根据《监察法》第35条规定，监察机关对于报案或者举报，应当接受并按照有关规定处理。对于不属于本机关管辖的，应当移送主管机关处理。
10. B，解析：根据《监察法》第38条规定，初步核实情况报告和分类处理意见报监察机关主要负责人审批。
11. C，解析：根据《监察法》第40条第1款规定，监察机关对职务违法和职务犯罪案件，应当进行调查，收集被调查人有无违法犯罪以及情节轻重的证据，查明违法犯罪事实，形成相互印证、完整稳定的证据链。
12. B，解析：根据《监察法》第44条第3款规定，被留置人员涉嫌犯罪移送司法机关后，被依法判处管制、拘役和有期徒刑的，留置1日折抵管制2日，折抵拘役、有期徒刑1日。
13. C，解析：根据《监察法》第46条规定，监察机关经调查，对违法取得的财物，依法予以没收、追缴或者责令退赔；对涉嫌犯罪取得的财物，应当随案移送人民检察院。
14. A，解析：根据《监察法》第54条规定，监察机关应当依法公开监察工作信息，接受民主监督、社会监督、舆论监督。
15. B，解析：根据《监察法》第59条第2款规定，监察人员辞职、退休3年内，不得从事与监察和司法工作相关联且可能发生利益冲突的职业。
16. D，解析：根据《监察法》第64条规定，监察对象对控告人、检举人、证人或者监察人员进行报复陷害的；控告人、检举人、证人捏造事实诬告陷害监察对象的，依法给予处理。
17. A，解析：根据《监察法》第66条规定，违反本法规定，构成犯罪的，依法追究刑事责任。

（三）多项选择题

1. BC，解析：根据《监察法》第6条规定，国家监察工作坚持标本兼治、综合治理，强化监督问责，严厉惩治腐败；深化改革、健全法治，有效制约和监督权力；加强法治教育和道德教育，弘扬中华优秀传统文化，构建不敢腐、不能腐、不想腐的长效机制。

2. AB，解析：根据《监察法》第 12 条第 1 款规定，各级监察委员会可以向本级中国共产党机关、国家机关、法律法规授权或者委托管理公共事务的组织和单位以及所管辖的行政区域、国有企业等派驻或者派出监察机构、监察专员。
3. AC，解析：根据《监察法》第 17 条第 2 款规定，监察机关认为所管辖的监察事项重大、复杂，需要由上级监察机关管辖的，可以报请上级监察机关管辖。
4. BD，解析：根据《监察法》第 20 条第 2 款规定，对涉嫌贪污贿赂、失职渎职等职务犯罪的被调查人，监察机关可以进行讯问，要求其如实供述涉嫌犯罪的情况。
5. ABCD，解析：根据《监察法》第 22 条第 1 款规定，被调查人涉嫌贪污贿赂、失职渎职等严重职务违法或者职务犯罪，监察机关已经掌握其部分违法犯罪事实及证据，仍有重要问题需要进一步调查，并有下列情形之一的，经监察机关依法审批，可以将其留置在特定场所：（1）涉及案情重大、复杂的；（2）可能逃跑、自杀的；（3）可能串供或者伪造、隐匿、毁灭证据的；（4）可能有其他妨碍调查行为的。
6. AC，解析：根据《监察法》第 23 条第 1 款规定，监察机关调查涉嫌贪污贿赂、失职渎职等严重职务违法或者职务犯罪，根据工作需要，可以依照规定查询、冻结涉案单位和个人的存款、汇款、债券、股票、基金份额等财产。
7. ABC，解析：根据《监察法》第 24 条第 1 款规定，监察机关可以对涉嫌职务犯罪的被调查人以及可能隐藏被调查人或者犯罪证据的人的身体、物品、住处和其他有关地方进行搜查。
8. ABCD，解析：根据《监察法》第 34 条第 1 款规定，人民法院、人民检察院、公安机关、审计机关等国家机关在工作中发现公职人员涉嫌贪污贿赂、失职渎职等职务违法或者职务犯罪的问题线索，应当移送监察机关，由监察机关依法调查处置。
9. ABC，解析：根据《监察法》第 41 条第 2 款规定，调查人员进行讯问以及搜查、查封、扣押等重要取证工作，应当对全过程进行录音录像，留存备查。
10. ABC，解析：根据《监察法》第 55 条规定，监察机关通过设立内部专门的监督机构等方式，加强对监察人员执行职务和遵守法律情况的监督，建设忠诚、干净、担当的监察队伍。
11. ABCD，解析：根据《监察法》第 58 条规定，办理监察事项的监察人员有下列情形之一的，应当自行回避，监察对象、检举人及其他有关人员也有权要求其回避：(1）是监察对象或者检举人的近亲属的；(2）担任过本案的证人的；(3）本人或者其近亲属与办理的监察事项有利害关系的；(4）有可能影响监察事项公正处理的其他情形的。

（四）填空题

1. 独立；社会团体。(《监察法》第 4 条）
2. 标本兼治；道德教育；长效机制。(《监察法》第 6 条）
3. 监察机关；自治区；市辖区。(《监察法》第 7 条）
4. 任免；晋升。(《监察法》第 14 条）
5. 国家秘密；商业秘密；隐匿；毁灭。(《监察法》第 18 条）
6. 搜查证；家属；见证人。(《监察法》第 24 条）
7. 专门性；聘请；鉴定意见；签名。(《监察法》第 27 条）
8. 种类；适用对象；3 个月；解除。(《监察法》第 28 条）
9. 非法方法；排除。(《监察法》第 33 条）
10. 协调；制约。(《监察法》第 36 条）
11. 情况报告；分类处理。(《监察法》第 38 条）
12. 专题会议；调查措施。(《监察法》第 39 条）
13. 备案；3 个月。(《监察法》第 43 条）
14. 时间；签名。(《监察法》第 44 条）
15. 1 个月；2 次。(《监察法》第 47 条）
16. 司法协助；资产追回。(《监察法》第 51 条）
17. 涉案人员；报告；备案。(《监察法》第 57 条）
18. 不充分；违法；责任。(《监察法》第 61 条）

（五）简答题

1. 答：根据《监察法》第 11 条规定，监察委员会依照本法和有关法律规定履行监督、调查、处置职责：(1）对公职人员开展廉政教育，对其依法履职、秉公用权、廉洁从政从业以及道德操守情况进行监督检查；(2）对涉嫌贪污贿赂、滥用职权、玩忽职守、权力寻租、利益输送、徇私舞弊以及浪费国家资财等职务违法和职务犯罪进行调查；(3）对违法的公职人员依法作出政务处分决定；对履行职责不力、失职失责的领导人员进行问责；对涉嫌职务犯罪的，将调查结果移送人民检察院依法审查、提起公诉；向监察对象所在单位提出监察建议。
2. 答：根据《监察法》第 15 条规定，监察机关对下列公职人员和有关人员进行监察：(1）中国共产党机关、人民代表大会及其常务委员会机关、人民政府、监察委员会、人民法院、人民检察院、中国人民政治协商会议各级委员会机关、民主党派机关和工商业联合会机关的公务员，以及参照《中华人民共和国公务员法》管理的人员；（2）法律、法规授权或者受国家机关依法委托管理公共事务的组织中从事公务的人员；（3）国有企业管理人员；（4）公办的教育、科研、文化、医疗卫生、体育等单位中从事管理的人员；（5）基层群众性自治组织中从事管理的人员；（6）其他依法履行公职的人员。

3. 答：根据《监察法》第31条规定，涉嫌职务犯罪的被调查人主动认罪认罚，有下列情形之一的，监察机关经领导人员集体研究，并报上一级监察机关批准，可以在移送人民检察院时提出从宽处罚的建议：（1）自动投案，真诚悔罪悔过的；（2）积极配合调查工作，如实供述监察机关还未掌握的违法犯罪行为的；（3）积极退赃，减少损失的；（4）具有重大立功表现或者案件涉及国家重大利益等情形的。

4. 答：根据《监察法》第45条规定，监察机关根据监督、调查结果，依法作出如下处置：（1）对有职务违法行为但情节较轻的公职人员，按照管理权限，直接或者委托有关机关、人员，进行谈话提醒、批评教育、责令检查，或者予以诫勉；（2）对违法的公职人员依照法定程序作出警告、记过、记大过、降级、撤职、开除等政务处分决定；（3）对不履行或者不正确履行职责负有责任的领导人员，按照管理权限对其直接作出问责决定，或者向有权作出问责决定的机关提出问责建议；（4）对涉嫌职务犯罪的，监察机关经调查认为犯罪事实清楚，证据确实、充分的，制作起诉意见书，连同案卷材料、证据一并移送人民检察院依法审查、提起公诉；（5）对监察对象所在单位廉政建设和履行职责存在的问题等提出监察建议。监察机关经调查，对没有证据证明被调查人存在违法犯罪行为的，应当撤销案件，并通知被调查人所在单位。

5. 答：根据《监察法》第52条规定，国家监察委员会加强对反腐败国际追逃追赃和防逃工作的组织协调，督促有关单位做好相关工作：（1）对于重大贪污贿赂、失职渎职等职务犯罪案件，被调查人逃匿到国（境）外，掌握证据比较确凿的，通过开展境外追逃合作，追捕归案；（2）向赃款赃物所在国请求查询、冻结、扣押、没收、追缴、返还涉案资产；（3）查询、监控涉嫌职务犯罪的公职人员及其相关人员进出国（境）和跨境资金流动情况，在调查案件过程中设置防逃程序。

6. 答：根据《监察法》第60条规定，监察机关及其工作人员有下列行为之一的，被调查人及其近亲属有权向该机关申诉：（1）留置法定期限届满，不予以解除的；（2）查封、扣押、冻结与案件无关的财物的；（3）应当解除查封、扣押、冻结措施而不解除的；（4）贪污、挪用、私分、调换以及违反规定使用查封、扣押、冻结的财物的；（5）其他违反法律法规、侵害被调查人合法权益的行为。受理申诉的监察机关应当在受理申诉之日起1个月内作出处理决定。申诉人对处理决定不服的，可以在收到处理决定之日起1个月内向上一级监察机关申请复查，上一级监察机关应当在收到复查申请之日起2个月内作出处理决定，情况属实的，及时予以纠正。

7. 答：根据《监察法》第65条规定，监察机关及其工作人员有下列行为之一的，对负有责任的领导人员和直接责任人员依法给予处理：（1）未经批准、授权处置问题线索，发现重大案情隐瞒不报，或者私自留存、处理涉案材料的；（2）利用职权或者职务上的影响干预调查工作、以案谋私的；（3）违法窃取、泄露调查工作信息，或者泄露举报事项、举报受理情况以及举报人信息的；（4）对被调查人或者涉案人员逼供、诱供，或者侮辱、打骂、虐待、体罚或者变相体罚的；（5）违反规定处置查封、扣押、冻结的财物的；（6）违反规定发生办案安全事故，或者发生安全事故后隐瞒不报、报告失实、处置不当的；（7）违反规定采取留置措施的；（8）违反规定限制他人出境，或者不按规定解除出境限制的；（9）其他滥用职权、玩忽职守、徇私舞弊的行为。

十七、监察法实施条例

（一）判断题

1. 监察机关与党的纪律检查机关合署办公，坚持法治思维和法治方式，促进执纪执法贯通、有效衔接司法，实现依纪监督和依法监察、适用纪律和适用法律有机融合。(　　)
2. 上级监察委员会可以依法统一调用所辖各级监察机关的监察人员办理监察事项。调用决定可以以书面或者口头形式作出。(　　)
3. 监察机关调查结束后，对于应当给予被调查人或者涉案人员行政处罚等其他处理的，依法移送有管辖权的机关。(　　)
4. 监察机关办理案件中涉及无隶属关系的其他监察机关的监察对象，认为需要立案调查的，应当商请有管理权限的监察机关依法立案调查。商请立案时，应当提供涉案人员基本情况、已经查明的涉嫌违法犯罪事实以及相关证据材料。(　　)
5. 监察机关按规定报批后，可以依法查封、扣押用以证明被调查人涉嫌违法犯罪以及情节轻重的财物、文件、电子数据等证据材料。(　　)
6. 监察机关接受司法机关、其他监察机关等国家机关移送的涉案财物后，该国家机关采取的查封、扣押期限届满，监察机关续行查封、扣押的顺位不得与该国家机关查封、扣押的顺位相同。(　　)
7. 监察机关和监察人员必须自觉坚持党的领导，在党组织的管理、监督下开展工作，依法接受本级人民代表大会及其常务委员会的监督，接受民主监督、司法监督、社会监督、舆论监督，加强内部监督制约机制建设，确保权力受到严格的约束和监督。(　　)

（二）单项选择题

1. 监察机关坚持民主集中制，对于线索处置、立案调查、案件审理、处置执行、复审复核中的重要事项应当集体研究，严格按照权限履行(　　)

程序。

A. 请示申报　　B. 请示报告

C. 指示申报　　D. 指示报告

2. 监察机关应当结合公职人员的职责加强日常监督，通过收集群众反映、座谈走访、查阅资料、召集或者列席会议、听取工作汇报和述责述廉、开展监督检查等方式，促进公职人员(　　)。

A. 合法用权、秉公用权、廉洁用权

B. 依法用权、合法用权、廉洁用权

C. 依法用权、秉公用权、合法用权

D. 依法用权、秉公用权、廉洁用权

3. 监察机关依法对所有(　　)进行监察，实现国家监察全面覆盖。

A. 公职人员　　B. 公务员

C. 行使公权力的公职人员　　D. 行使公权力的公务员

4. 监察机关依照《监察法》和本条例规定收集的证据材料，经(　　)符合法定要求的，在刑事诉讼中可以作为证据使用。

A. 调查　　B. 审查

C. 审核　　D. 批准

5. 监察机关在问题线索处置、初步核实和立案调查中，可以依法对涉嫌职务违法的监察对象进行谈话，要求其如实说明情况或者作出陈述。谈话应当个别进行。负责谈话的人员不得少于(　　)人。

A. 2　　B. 3

C. 4　　D. 5

6. 监察机关接到公安机关抓获被通缉人员的通知后，应当立即核实被抓获人员身份，并在接到通知后(　　)小时以内派员办理交接手续。边远或者交通不便地区，至迟不得超过(　　)日。

A. 12；3　　B. 24；3

C. 48；5　　D. 72；5

(三) 多项选择题

1. 监察机关应当依法履行(　　)职责，坚持实事求是，坚持惩前毖后、治病救人，坚持惩戒与教育相结合，实现政治效果、法律效果和社会效果相统一。

A. 监督　　B. 调查

C. 处置　　D. 侦查

2. 监察机关依法履行监察监督职责，对公职人员(　　)进行监督检查，督促有关机关、单位加强对所属公职人员的教育、管理、监督。

A. 政治品行　　B. 违纪违法情况

C. 行使公权力情况　　D. 道德操守情况

3. 下列人员中，属于《监察法》第 15 条第 3 项所称国有企业管理人员的是：(　　)

A. 经国有独资公司任命，在国有控股公司中履行管理职责的人员

B. 在国有独资公司中履行领导职责的人员

C. 在国有控股公司中从事监督工作的人员

D. 在国有参股公司中履行组织职责的人员

4. 监察机关需要采取(　　)措施的，应当按照规定交有关机关依法执行。

A. 搜查　　B. 技术调查

C. 限制出境　　D. 通缉

5. 对一般性问题线索的处置，可以采取谈话方式进行，对监察对象给予(　　)。谈话应当在工作地点等场所进行，明确告知谈话事项，注重谈清问题、取得教育效果。

A. 警告　　B. 警示

C. 教育　　D. 批评

6. 为查明案情，在必要的时候，经审批可以依法进行调查实验。调查实验，可以聘请有关专业人员参加，也可以要求(　　)参加。

A. 被调查人　　B. 被害人

C. 证人　　D. 调查人

7. 辨认笔录不得作为认定案件的依据的情形有：（　　）

A. 辨认开始前使辨认人见到辨认对象的

B. 辨认活动没有个别进行的

C. 辨认中给辨认人明显暗示或者明显有指认嫌疑的

D. 辨认不是在调查人员主持下进行的

（四）填空题

1. 监察机关应当在适用法律上一律____，充分保障监察对象以及相关人员的____、知情权、财产权、____、申诉权以及申请复审复核权等合法权益。
2. 监察机关应当以办案促进____、以监督促进____，在查清问题、依法处置的同时，剖析问题发生的原因，发现制度建设、权力配置、监督机制等方面存在的问题，向有关机关、单位提出改进工作的意见或者____，促进完善制度，提高治理效能。
3. 有关机关、单位、组织____作出的决定违法或者实施违法行为的，监察机关应当对负有责任的____和____人员中的公职人员依法追究法律责任。
4. 笔录记载有遗漏或者差错的，应当补充或者更正，由被调查人在补充或者更正处____。
5. 采取留置措施时，调查人员不得少于____人，应当向被留置人员宣布《留置决定书》，告知被留置人员权利义务，要求其在《留置决定书》上____。
6. 案件立案后，监察机关____应当依照法定程序____确定调查方案。

（五）简答题

1. 简述监察机关负责调查的职务违法的含义。
2. 简述上级监察机关对于下一级监察机关管辖范围内的职务违法和职务犯罪案件可以依法提级管辖的情形。
3. 简述监察机关讯问涉嫌职务犯罪的被调查人的一般程序。
4. 简述可以认定被调查人具有《监察法》第 22 条第 1 款第 3 项所规定的可能串供或者伪造、隐匿、毁灭证据的情形。
5. 简述监察机关可以依法开展鉴定的情形。

参考答案

（一）判断题

1. √，解析：根据《监察法实施条例》第 3 条规定。
2. ×，解析：根据《监察法实施条例》第 11 条第 1 款规定，上级监察委员会可以依法统一调用所辖各级监察机关的监察人员办理监察事项。调用决定应当以书面形式作出。
3. ×，解析：根据《监察法实施条例》第 32 条第 2 款规定，监察机关调查结束后，对于应当给予被调查人或者涉案人员行政处罚等其他处理的，依法移送有关机关。
4. √，解析：根据《监察法实施条例》第 50 条规定。
5. √，解析：根据《监察法实施条例》第 125 条规定。
6. ×，解析：根据《监察法实施条例》第 133 条规定，监察机关接受司法机关、其他监察机关等国家机关移送的涉案财物后，该国家机关采取的查封、扣押期限届满，监察机关续行查封、扣押的顺位与该国家机关查封、扣押的顺位相同。
7. √，解析：根据《监察法实施条例》第 251 条规定。

（二）单项选择题

1. B，解析：根据《监察法实施条例》第 6 条规定，监察机关坚持民主集中制，对于线索处置、立案调查、案件审理、处置执行、复审复核中的重要事项应当集体研究，严格按照权限履行请示报告程序。
2. D，解析：根据《监察法实施条例》第 17 条规定，监察机关应当结合公职人员的职责加强日常监督，通过收集群众反映、座谈走访、查阅资料、召集或者列席会议、听取工作汇报和述责述廉、开展监督检查等方式，促进公职人员依法用权、秉公用权、廉洁用权。
3. C，解析：根据《监察法实施条例》第 37 条规定，监察机关依法对所有行使公权力的公职人员进行监察，实现国家监察全面覆盖。
4. B，解析：根据《监察法实施条例》第 59 条第 3 款规定，监察机关依照《监察法》和本条例规定收集的证据材料，经审查符合法定要求的，在刑事诉讼中可以作为证据使用。
5. A，解析：根据《监察法实施条例》第 70 条规定，监察机关在问题线索处置、初步核实和立案调查中，可以依法对涉嫌职务违法的监察对象进行谈话，要求其如实说明情况或者作出陈述。谈话应当个别进行。负责谈话的人员不得少于 2 人。

6. B，解析：根据《监察法实施条例》第 160 条第 1 款规定，监察机关接到公安机关抓获被通缉人员的通知后，应当立即核实被抓获人员身份，并在接到通知后 24 小时以内派员办理交接手续。边远或者交通不便地区，至迟不得超过 3 日。

（三）多项选择题

1. ABC，解析：根据《监察法实施条例》第 4 条规定，监察机关应当依法履行监督、调查、处置职责，坚持实事求是，坚持惩前毖后、治病救人，坚持惩戒与教育相结合，实现政治效果、法律效果和社会效果相统一。
2. ACD，解析：根据《监察法实施条例》第 14 条规定，监察机关依法履行监察监督职责，对公职人员政治品行、行使公权力和道德操守情况进行监督检查，督促有关机关、单位加强对所属公职人员的教育、管理、监督。
3. AB，解析：根据《监察法实施条例》第 40 条规定，《监察法》第 15 条第 3 项所称国有企业管理人员，是指国家出资企业中的下列人员：（1）在国有独资、全资公司、企业中履行组织、领导、管理、监督等职责的人员；（2）经党组织或者国家机关，国有独资、全资公司、企业，事业单位提名、推荐、任命、批准等，在国有控股、参股公司及其分支机构中履行组织、领导、管理、监督等职责的人员；（3）经国家出资企业中负有管理、监督国有资产职责的组织批准或者研究决定，代表其在国有控股、参股公司及其分支机构中从事组织、领导、管理、监督等工作的人员。
4. BC，解析：根据《监察法实施条例》第 55 条第 1 款规定，监察机关在初步核实中，可以依法采取谈话、询问、查询、调取、勘验检查、鉴定措施；立案后可以采取讯问、留置、冻结、搜查、查封、扣押、通缉措施。需要采取技术调查、限制出境措施的，应当按照规定交有关机关依法执行。设区的市级以下监察机关在初步核实中不得采取技术调查措施。
5. BCD，解析：根据《监察法实施条例》第 71 条规定，对一般性问题线索的处置，可以采取谈话方式进行，对监察对象给予警示、批评、教育。谈话应当在工作地点等场所进行，明确告知谈话事项，注重谈清问题、取得教育效果。
6. ABC，解析：根据《监察法实施条例》第 140 条第 1 款规定，为查明案情，在必要的时候，经审批可以依法进行调查实验。调查实验，可以聘请有关专业人员参加，也可以要求被调查人、被害人、证人参加。

7. ABCD，解析：根据《监察法实施条例》第 144 条第 1 款规定，辨认笔录具有下列情形之一的，不得作为认定案件的依据：（1）辨认开始前使辨认人见到辨认对象的；（2）辨认活动没有个别进行的；（3）辨认对象没有混杂在具有类似特征的其他对象中，或者供辨认的对象数量不符合规定的，但特定辨认对象除外；（4）辨认中给辨认人明显暗示或者明显有指认嫌疑的；（5）辨认不是在调查人员主持下进行的；（6）违反有关规定，不能确定辨认笔录真实性的其他情形。

（四）填空题

1. 平等；人身权；申辩权。（《监察法实施条例》第 7 条）
2. 整改；治理；监察建议。（《监察法实施条例》第 20 条）
3. 集体；领导人员；直接责任。（《监察法实施条例》第 44 条）
4. 捺指印。（《监察法实施条例》第 78 条）
5. 2；签名、捺指印。（《监察法实施条例》第 97 条）
6. 主要负责人；批准。（《监察法实施条例》第 186 条）

（五）简答题

1. 答：根据《监察法实施条例》第 23 条规定，监察机关负责调查的职务违法是指公职人员实施的与其职务相关联，虽不构成犯罪但依法应当承担法律责任的下列违法行为：（1）利用职权实施的违法行为；（2）利用职务上的影响实施的违法行为；（3）履行职责不力、失职失责的违法行为；（4）其他违反与公职人员职务相关的特定义务的违法行为。
2. 答：根据《监察法实施条例》第 47 条规定，上级监察机关对于下一级监察机关管辖范围内的职务违法和职务犯罪案件，具有下列情形之一的，可以依法提级管辖：（1）在本辖区有重大影响的；（2）涉及多个下级监察机关管辖的监察对象，调查难度大的；（3）其他需要提级管辖的重大、复杂案件。上级监察机关对于所辖各级监察机关管辖范围内有重大影响的案件，必要时可以依法直接调查或者组织、指挥、参与调查。地方各级监察机关所管辖的职务违法和职务犯罪案件，具有第 1 款规定情形的，可以依法报请上一级监察机关管辖。
3. 答：根据《监察法实施条例》第 83 条规定，讯问应当个别进行，调查人员不得少于 2 人。首次讯问时，应当向被讯问人出示《被调查人权利义务告知书》，由其签名、捺指印。被讯问人拒绝签名、捺指印的，调查人员应当在文书上记明。被讯问人未被限制人身自由的，应当在首次讯问时向其出具《讯问通知书》。

讯问一般按照下列顺序进行：(1) 核实被讯问人的基本情况，包括姓名、曾用名、出生年月日、户籍地、身份证件号码、民族、职业、政治面貌、文化程度、工作单位及职务、住所、家庭情况、社会经历，是否属于党代表大会代表、人大代表、政协委员，是否受到过党纪政务处分，是否受到过刑事处罚等；(2) 告知被讯问人如实供述自己罪行可以依法从宽处理和认罪认罚的法律规定；(3) 讯问被讯问人是否有犯罪行为，让其陈述有罪的事实或者无罪的辩解，应当允许其连贯陈述。

调查人员的提问应当与调查的案件相关。被讯问人对调查人员的提问应当如实回答。调查人员对被讯问人的辩解，应当如实记录，认真查核。

讯问时，应当告知被讯问人将进行全程同步录音录像。告知情况应当在录音录像中予以反映，并在笔录中记明。

4. 答：根据《监察法实施条例》第 94 条规定，被调查人具有下列情形之一的，可以认定为《监察法》第 22 条第 1 款第 3 项所规定的可能串供或者伪造、隐匿、毁灭证据：(1) 曾经或者企图串供，伪造、隐匿、毁灭、转移证据的；(2) 曾经或者企图威逼、恐吓、利诱、收买证人，干扰证人作证的；(3) 有同案人或者与被调查人存在密切关联违法犯罪的涉案人员在逃，重要证据尚未收集完成的；(4) 其他可能串供或者伪造、隐匿、毁灭证据的情形。

5. 答：根据《监察法实施条例》第 146 条规定，监察机关可以依法开展下列鉴定：(1) 对笔迹、印刷文件、污损文件、制成时间不明的文件和以其他形式表现的文件等进行鉴定；(2) 对案件中涉及的财务会计资料及相关财物进行会计鉴定；(3) 对被调查人、证人的行为能力进行精神病鉴定；(4) 对人体造成的损害或者死因进行人身伤亡医学鉴定；(5) 对录音录像资料进行鉴定；(6) 对因电子信息技术应用而出现的材料及其派生物进行电子证据鉴定；(7) 其他可以依法进行的专业鉴定。

十八、监察官法

（一）判断题

1. 为了加强对监察官的管理和监督，保障监察官依法履行职责，维护监察官合法权益，推进高素质专业化监察官队伍建设，推进监察工作规范化、法治化，根据宪法，制定《监察官法》。(　　)
2. 监察官应当维护宪法和法律的尊严和权威，以事实为根据，以法律为准绳，客观公正地履行职责，保障当事人的合法权益。(　　)
3. 监察官依法履行职责受法律保护，不受任何机关、社会团体和个人的干涉。(　　)
4. 录用监察官，应当依照法律和国家有关规定采取公开考试、严格考察、平等竞争、择优录取的办法。(　　)
5. 监察委员会不得从中国共产党机关、国家机关、事业单位、国有企业等机关、单位从事公务的人员中选择人员担任监察官。(　　)
6. 地方各级监察委员会主任由本级人民代表大会选举和罢免，副主任、委员由监察委员会主任提请本级人民代表大会常务委员会任免。(　　)
7. 监察官因工作需要兼职的，应当按照管理权限批准，可以领取兼职报酬。(　　)
8. 监察官等级分为十三级，依次为总监察官、副总监察官，一级高级监察官、二级高级监察官、三级高级监察官、四级高级监察官，一级监察官、二级监察官、三级监察官、四级监察官、五级监察官、六级监察官。(　　)
9. 对监察官应当有计划地进行政治、理论和业务培训。(　　)
10. 监察官培训情况，作为监察官考核的内容和任职、等级晋升的唯一依据。(　　)
11. 辞退监察官应当按照管理权限决定。辞退决定应当以书面或者口头形式通知被辞退的监察官，并列明作出决定的理由和依据。(　　)

12. 考核结果作为调整监察官等级、工资以及监察官奖惩、免职、降职、辞退的依据。(　　)
13. 对在监察工作中有成绩和贡献，或者有其他突出事迹的监察官、监察官集体，给予奖励。(　　)
14. 任何单位和个人对监察官的违纪违法行为，有权检举、控告。受理检举、控告的机关应当及时调查处理，并将结果告知检举人、控告人。(　　)
15. 监察官应当严格执行保密制度，控制监察事项知悉范围和时间，不得留存、隐匿、查阅、摘抄、复制、携带问题线索和涉案资料，严禁泄露监察工作秘密。(　　)
16. 监察官离任后，不得担任诉讼代理人或者辩护人，但是作为当事人的监护人或者近亲属代理诉讼、进行辩护的除外。(　　)
17. 监察官被开除后，不得担任诉讼代理人或者辩护人，但是作为当事人的监护人或者近亲属代理诉讼、进行辩护的除外。(　　)
18. 监察官涉嫌严重职务违法、职务犯罪或者对案件处置出现重大失误的，应当追究负有责任的领导人员和直接责任人员的责任。(　　)
19. 监察官因依法履行职责，本人及其近亲属人身安全面临危险的，检察机关应当对监察官及其近亲属采取人身保护、禁止特定人员接触等必要保护措施。(　　)

(二) 单项选择题

1. 监察官应当严格按照规定的权限和程序履行职责，坚持(　　)，重大事项集体研究。

A. 依法办事　　B. 民主集中制

C. 人民民主　　D. 首长负责制

2. 监察官采用(　　)的办法，从符合监察官条件的人员中择优选用。

A. 考查、考核　　B. 考试、调查

C. 调查、考察　　D. 考试、考核

3. 国家监察委员会主任由全国人民代表大会选举和罢免，副主任、委员由(　　)任免。

A. 国家监察委员会主任

B. 国家监察委员会主任提请全国人民代表大会

C. 国家监察委员会主任提请全国人民代表大会常务委员会

D. 国家监察委员会主任提请全国人民代表大会专门委员会

4. 监察官等级晋升采取(　　)的方式，特别优秀或者作出特别贡献的，可以提前选升。

A. 按期晋升和择优选升相结合

B. 按期晋升和择才选升相结合

C. 按期晋升和择能选升相结合

D. 按期晋升和择廉选升相结合

5. 监察官培训应当突出政治机关特色，坚持(　　)，提高专业能力。

A. 理论和实践并重、按需施教、讲求实效

B. 理论联系实际、按需施教、讲求效率

C. 理论和实践并重、按需施教、讲求效率

D. 理论联系实际、按需施教、讲求实效

6. 监察官依照法律和国家有关规定实行(　　)。

A. 挂职交流　　B. 任职交流

C. 挂职锻炼　　D. 任职锻炼

7. 对监察官的考核，应当全面、客观、公正，实行(　　)。

A. 日常考核、专项考核和年度考核相结合

B. 日常考核、月度考核和年度考核相结合

C. 平时考核、专项考核和年度考核相结合

D. 平时考核、月度考核和季度考核相结合

8. 对监察官的年度考核结果分为(　　)。

A. 优秀、合格和不合格三个等次

B. 优秀、合格、基本合格和不合格四个等次

C. 优秀、称职和不称职三个等次

D. 优秀、称职、基本称职和不称职四个等次

9. 办理监察事项的监察官未经批准不得接触被调查人、涉案人员及其特定关系人，或者与其进行交往。对于上述行为，知悉情况的监察官应当及

时向上级报告。有关情况应当(　　)。

A. 登记备案　　B. 登记核查

C. 核查存档　　D. 登记存档

10. 监察官离任(　　)内，不得从事与监察和司法工作相关联且可能发生利益冲突的职业。

A. 1 年　　B. 2 年

C. 3 年　　D. 5 年

11. 监察官的配偶、父母、子女及其配偶不得以(　　)身份担任该监察官所任职监察机关办理案件的诉讼代理人、辩护人。

A. 律师　　B. 当事人的监护人

C. 当事人的近亲属　　D. 当事人的朋友

(三) 多项选择题

1. 监察官应当(　　)，做严格自律、作风优良、拒腐防变的表率。

A. 忠诚坚定　　B. 担当尽责

C. 清正廉洁　　D. 作风正派

2. 监察机关应当建立健全对监察官的监督制度和机制，确保权力受到严格约束。监察官应当自觉接受(　　)。

A. 组织监督　　B. 民主监督

C. 社会监督　　D. 舆论监督

3. 监察官享有的权利有：(　　)

A. 履行监察官职责应当具有的职权和工作条件

B. 履行监察官职责应当享有的职业保障和福利待遇

C. 人身、财产和住所安全受法律保护

D. 提出申诉或者控告

4. 关于监察官的职业禁止，下列说法正确的是：(　　)

A. 监察官不得兼任人民代表大会常务委员会的组成人员

B. 监察官不得兼任行政机关、审判机关、检察机关的职务

C. 监察官不得兼任企业或者其他营利性组织、事业单位的职务

D. 监察官不得兼任人民陪审员、人民监督员、执业律师、仲裁员和公证员

5. 监察官担任(　　)监察委员会主任的，应当按照有关规定实行地域回避。

A. 乡级　　B. 县级

C. 设区的市级　　D. 省级

6. 监察官之间有夫妻关系、直系血亲关系、三代以内旁系血亲以及近姻亲关系的，不得同时担任(　　)。

A. 同一监察委员会的主任、副主任、委员，上述人员和其他监察官

B. 监察委员会机关同一部门的监察官

C. 同一派驻机构、派出机构或者其他监察机构的监察官

D. 上下相邻两级监察委员会的主任、副主任、委员

7. 监察官等级的确定，以监察官担任的(　　)和工作年限等为依据。

A. 职务职级　　B. 德才表现

C. 业务水平　　D. 工作实绩

8. 监察官的考核应当按照管理权限，全面考核监察官的德、能、勤、绩、廉，重点考核(　　)情况。

A. 爱岗敬业　　B. 政治素质

C. 工作实绩　　D. 廉洁自律

9. 对于(　　)等移送的监察官违纪违法履行职责的问题线索，监察机关应当及时调查处理。

A. 审判机关　　B. 检察机关

C. 执法部门　　D. 人民群众

10. 监察官不得(　　)。对于上述行为，办理监察事项的监察官应当及时向上级报告。有关情况应当登记备案。

A. 打听案情　　B. 提供线索

C. 过问案件　　D. 说情干预

11. 应当将监察官调离的情形有：(　　)

A. 按规定需要任职回避的

B. 按规定实行任职交流的

C. 因机构、编制调整需要调整工作的

D. 因违纪违法不适合继续从事监察工作的

12. 根据《监察官法》的规定，下列说法正确的是：（　　）
   A. 监察官的职业尊严和人身安全受法律保护
   B. 任何单位或者个人不得要求监察官从事超出法定职责范围的事务
   C. 监察官退休后，享受国家规定的养老金和其他待遇
   D. 监察官对涉及本人的政务处分、处分和人事处理不服的，可以依照规定的程序申请复审、复核，提出申诉

（四）填空题

1. 监察官的管理和监督坚持____领导，坚持以马克思列宁主义、毛泽东思想、邓小平理论、“三个代表”重要思想、科学发展观、习近平新时代中国特色社会主义思想为指导，坚持党管干部原则，增强监察官的使命感、责任感、荣誉感，建设____的监察官队伍。
2. 监察官的选用，坚持德才兼备、____，坚持五湖四海、____，坚持事业为上、公道正派，突出____，注重工作实绩。
3. 监察委员会可以根据____需要，依照法律和国家有关规定在从事与监察机关职能职责相关的职业或者____的人员中选拔或者聘任符合任职条件的人员担任监察官。
4. 监察官就职时应当依照法律规定进行____。
5. 国家监察委员会主任为____。
6. 初任监察官实行____制度。
7. 国家加强监察学科建设，鼓励具备条件的____设置监察专业或者开设监察课程，培养德才兼备的高素质监察官____，提高监察官的____。
8. 监察官申请辞职，应当由____提出，按照管理权限批准后，依照规定的程序免去其职务。
9. 年度考核结果以____形式通知监察官本人。监察官对考核结果如果有异议，可以申请____。
10. 监察委员会根据工作需要，按照规定从各方面代表中聘请____等监督人员，对监察官履行职责情况进行监督，提出加强和改进监察工作的____。
11. 监察官离岗离职后，应当遵守____管理规定，严格履行保密义务，不得____相关秘密。

12. 监察官涉嫌违纪违法，已经被立案____、____、____，不宜继续履行职责的，按照管理权限和规定的程序____其履行职务。
13. 实行监察官____制度，对____、失职失责造成严重后果的，____追究责任或者进行问责。
14. 对监察官及其近亲属实施____、侮辱诽谤、____、威胁恐吓、____等违法犯罪行为的，应当依法从严惩治。

（五）简答题

1. 简述监察官包括的人员。
2. 简述监察官的职责。
3. 简述监察官的义务。
4. 简述担任监察官应当具备的条件。
5. 简述不得担任监察官的情形。
6. 简述应当免去监察官职务的情形。
7. 简述给予监察官奖励的情形。
8. 简述办理监察事项的监察官应当回避的情形。
9. 简述应依法给予监察官处理的行为。

参考答案

（一）判断题

1. ×，解析：根据《监察官法》第 1 条规定，为了加强对监察官的管理和监督，保障监察官依法履行职责，维护监察官合法权益，推进高素质专业化监察官队伍建设，推进监察工作规范化、法治化，根据宪法和《中华人民共和国监察法》，制定本法。
2. √，解析：根据《监察官法》第 5 条规定。
3. ×，解析：根据《监察官法》第 8 条规定，监察官依法履行职责受法律保护，不受行政机关、社会团体和个人的干涉。
4. √，解析：根据《监察官法》第 16 条规定。
5. ×，解析：根据《监察官法》第 17 条规定，监察委员会可以根据监察工作需要，依照法律和国家有关规定从中国共产党机关、国家机关、事业单位、国有企业等机关、单位从事公务的人员中选择符合任职条件的人员担任监察官。

6. √，解析：根据《监察官法》第 19 条第 2 款规定。

7. ×，解析：根据《监察官法》第 22 条第 2 款规定，监察官因工作需要兼职的，应当按照管理权限批准，但是不得领取兼职报酬。

8. ×，解析：根据《监察官法》第 25 条规定，监察官等级分为十三级，依次为总监察官、一级副总监察官、二级副总监察官，一级高级监察官、二级高级监察官、三级高级监察官、四级高级监察官，一级监察官、二级监察官、三级监察官、四级监察官、五级监察官、六级监察官。

9. √，解析：根据《监察官法》第 30 条规定。

10. ×，解析：根据《监察官法》第 30 条第 3 款规定，监察官培训情况，作为监察官考核的内容和任职、等级晋升的依据之一。

11. ×，解析：根据《监察官法》第 35 条第 2 款规定，辞退监察官应当按照管理权限决定。辞退决定应当以书面形式通知被辞退的监察官，并列明作出决定的理由和依据。

12. √，解析：根据《监察官法》第 38 条规定。

13. ×，解析：根据《监察官法》第 40 条规定，对在监察工作中有显著成绩和贡献，或者有其他突出事迹的监察官、监察官集体，给予奖励。

14. √，解析：根据《监察官法》第 43 条规定。

15. ×，解析：根据《监察官法》第 48 条第 1 款规定，监察官应当严格执行保密制度，控制监察事项知悉范围和时间，不得私自留存、隐匿、查阅、摘抄、复制、携带问题线索和涉案资料，严禁泄露监察工作秘密。

16. ×，解析：根据《监察官法》第 49 条第 2 款规定，监察官离任后，不得担任原任职监察机关办理案件的诉讼代理人或者辩护人，但是作为当事人的监护人或者近亲属代理诉讼、进行辩护的除外。

17. √，解析：根据《监察官法》第 49 条规定。

18. √，解析：根据《监察官法》第 54 条规定。

19. ×，解析：根据《监察官法》第 59 条规定，监察官因依法履行职责，本人及其近亲属人身安全面临危险的，监察机关、公安机关应当对监察官及其近亲属采取人身保护、禁止特定人员接触等必要保护措施。

（二）单项选择题

1. B，解析：根据《监察官法》第 6 条规定，监察官应当严格按照规定的权限和程序履行职责，坚持民主集中制，重大事项集体研究。

2. D，解析：根据《监察官法》第15条规定，监察官采用考试、考核的办法，从符合监察官条件的人员中择优选用。

3. C，解析：根据《监察官法》第19条第1款规定，国家监察委员会主任由全国人民代表大会选举和罢免，副主任、委员由国家监察委员会主任提请全国人民代表大会常务委员会任免。

4. A，解析：根据《监察官法》第27条第2款规定，监察官等级晋升采取按期晋升和择优选升相结合的方式，特别优秀或者作出特别贡献的，可以提前选升。

5. D，解析：根据《监察官法》第30条第2款规定，培训应当突出政治机关特色，坚持理论联系实际、按需施教、讲求实效，提高专业能力。

6. B，解析：根据《监察官法》第33条规定，监察官依照法律和国家有关规定实行任职交流。

7. C，解析：根据《监察官法》第36条规定，对监察官的考核，应当全面、客观、公正，实行平时考核、专项考核和年度考核相结合。

8. D，解析：根据《监察官法》第38条第1款规定，年度考核结果分为优秀、称职、基本称职和不称职四个等次。

9. A，解析：根据《监察官法》第46条第2款规定，办理监察事项的监察官未经批准不得接触被调查人、涉案人员及其特定关系人，或者与其进行交往。对于上述行为，知悉情况的监察官应当及时向上级报告。有关情况应当登记备案。

10. C，解析：根据《监察官法》第49条第1款规定，监察官离任3年内，不得从事与监察和司法工作相关联且可能发生利益冲突的职业。

11. A，解析：根据《监察官法》第51条规定，监察官的配偶、父母、子女及其配偶不得以律师身份担任该监察官所任职监察机关办理案件的诉讼代理人、辩护人，或者提供其他有偿法律服务。

（三）多项选择题

1. ABC，解析：根据《监察官法》第4条规定，监察官应当忠诚坚定、担当尽责、清正廉洁，做严格自律、作风优良、拒腐防变的表率。

2. ABCD，解析：根据《监察官法》第7条规定，监察机关应当建立健全对监察官的监督制度和机制，确保权力受到严格约束。监察官应当自觉接受组织监督和民主监督、社会监督、舆论监督。

3. ABCD，解析：根据《监察官法》第11条规定，监察官享有下列权利：（1）履行监察官职责应当具有的职权和工作条件；（2）履行监察官职责应当享有的职业保障和福利待遇；（3）人身、财产和住所安全受法律保护；（4）提出申诉或者控告；（5）《中华人民共和国公务员法》等法律规定的其他权利。

4. ABCD，解析：根据《监察官法》第 22 条第 1 款规定，监察官不得兼任人民代表大会常务委员会的组成人员，不得兼任行政机关、审判机关、检察机关的职务，不得兼任企业或者其他营利性组织、事业单位的职务，不得兼任人民陪审员、人民监督员、执业律师、仲裁员和公证员。

5. BC，解析：根据《监察官法》第 23 条规定，监察官担任县级、设区的市级监察委员会主任的，应当按照有关规定实行地域回避。

6. ABCD，解析：根据《监察官法》第 24 条规定，监察官之间有夫妻关系、直系血亲关系、三代以内旁系血亲以及近姻亲关系的，不得同时担任下列职务：（1）同一监察委员会的主任、副主任、委员，上述人员和其他监察官；（2）监察委员会机关同一部门的监察官；（3）同一派驻机构、派出机构或者其他监察机构的监察官；（4）上下相邻两级监察委员会的主任、副主任、委员。

7. ABCD，解析：根据《监察官法》第 27 条第 1 款规定，监察官等级的确定，以监察官担任的职务职级、德才表现、业务水平、工作实绩和工作年限等为依据。

8. BCD，解析：根据《监察官法》第 37 条规定，监察官的考核应当按照管理权限，全面考核监察官的德、能、勤、绩、廉，重点考核政治素质、工作实绩和廉洁自律情况。

9. ABC，解析：根据《监察官法》第 44 条规定，对于审判机关、检察机关、执法部门等移送的监察官违纪违法履行职责的问题线索，监察机关应当及时调查处理。

10. ACD，解析：根据《监察官法》第 46 条第 1 款规定，监察官不得打听案情、过问案件、说情干预。对于上述行为，办理监察事项的监察官应当及时向上级报告。有关情况应当登记备案。

11. ABCD，解析：根据《监察官法》第 55 条规定，除下列情形外，不得将监察官调离：（1）按规定需要任职回避的；（2）按规定实行任职交流的；（3）因机构、编制调整需要调整工作的；（4）因违纪违法不适合继续从事监察工作的；（5）法律规定的其他情形。

12. ABCD，解析：根据《监察官法》第 56 条第 1 款规定，任何单位或者个人不得要求监察官从事超出法定职责范围的事务。第 57 条第 1 款规定，监察官的职业尊严和人身安全受法律保护。第62条规定，监察官退休后，享受国家规定的养老金和其他待遇。第64条规定，监察官对涉及本人的政务处分、处分和人事处理不服的，可以依照规定的程序申请复审、复核，提出申诉。

（四）填空题

1. 中国共产党；忠诚干净担当。（《监察官法》第2条）
2. 以德为先；任人唯贤；政治标准。（《监察官法》第14条）
3. 监察工作；教学、研究。（《监察官法》第18条）
4. 宪法宣誓。（《监察官法》第20条）
5. 总监察官。（《监察官法》第26条）
6. 职前培训。（《监察官法》第29条）
7. 普通高等学校；后备人才；专业能力。（《监察官法》第32条）
8. 本人书面。（《监察官法》第34条）
9. 书面；复核。（《监察官法》第39条）
10. 特约监察员；意见、建议。（《监察官法》第45条）
11. 脱密期；泄露。（《监察官法》第48条）
12. 审查；调查；侦查；暂时停止。（《监察官法》第53条）
13. 责任追究；滥用职权；终身。（《监察官法》第54条）
14. 报复陷害；暴力侵害；滋事骚扰。（《监察官法》第57条）

（五）简答题

1. 答：根据《监察官法》第3条规定，监察官包括下列人员：（1）各级监察委员会的主任、副主任、委员；（2）各级监察委员会机关中的监察人员；（3）各级监察委员会派驻或者派出到中国共产党机关、国家机关、法律法规授权或者委托管理公共事务的组织和单位以及所管辖的行政区域等的监察机构中的监察人员、监察专员；（4）其他依法行使监察权的监察机构中的监察人员。对各级监察委员会派驻到国有企业的监察机构工作人员、监察专员，以及国有企业中其他依法行使监察权的监察机构工作人员的监督管理，参照执行本法有关规定。
2. 答：根据《监察官法》第9条规定，监察官依法履行下列职责：（1）对公职人员开展廉政教育；（2）对公职人员依法履职、秉公用权、廉洁从政从业以及道德操守情况进行监督检查；（3）对法律规定由监察机关管辖的职务违法和职务犯罪进行调查；（4）根据监督、调查的结果，对办理的监察事项提出处置意见；（5）开展反腐败国际合作方面的工作；（6）法律规定的其他职责。监察官在职权范围内对所办理的监察事项负责。

3. 答：根据《监察官法》第 10 条规定，监察官应当履行下列义务：（1）自觉坚持中国共产党领导，严格执行中国共产党和国家的路线方针政策、重大决策部署；（2）模范遵守宪法和法律；（3）维护国家和人民利益，秉公执法，勇于担当、敢于监督，坚决同腐败现象作斗争；（4）依法保障监察对象及有关人员的合法权益；（5）忠于职守，勤勉尽责，努力提高工作质量和效率；（6）保守国家秘密和监察工作秘密，对履行职责中知悉的商业秘密和个人隐私、个人信息予以保密；（7）严守纪律，恪守职业道德，模范遵守社会公德、家庭美德；（8）自觉接受监督；（9）法律规定的其他义务。

4. 答：根据《监察官法》第 12 条规定，担任监察官应当具备下列条件：（1）具有中华人民共和国国籍；（2）忠于宪法，坚持中国共产党领导和社会主义制度；（3）具有良好的政治素质、道德品行和廉洁作风；（4）熟悉法律、法规、政策，具有履行监督、调查、处置等职责的专业知识和能力；（5）具有正常履行职责的身体条件和心理素质；（6）具备高等学校本科及以上学历；（7）法律规定的其他条件。本法施行前的监察人员不具备前款第 6 项规定的学历条件的，应当接受培训和考核，具体办法由国家监察委员会制定。

5. 答：根据《监察官法》第 13 条规定，有下列情形之一的，不得担任监察官：（1）因犯罪受过刑事处罚，以及因犯罪情节轻微被人民检察院依法作出不起诉决定或者被人民法院依法免予刑事处罚的；（2）被撤销中国共产党党内职务、留党察看、开除党籍的；（3）被撤职或者开除公职的；（4）被依法列为失信联合惩戒对象的；（5）配偶已移居国（境）外，或者没有配偶但是子女均已移居国（境）外的；（6）法律规定的其他情形。

6. 答：根据《监察官法》第 21 条规定，监察官有下列情形之一的，应当免去其监察官职务：（1）丧失中华人民共和国国籍的；（2）职务变动不需要保留监察官职务的；（3）退休的；（4）辞职或者依法应当予以辞退的；（5）因违纪违法被调离或者开除的；（6）法律规定的其他情形。

7. 答：根据《监察官法》第 41 条第 1 款规定，监察官有下列表现之一的，给予奖励：（1）履行监督职责，成效显著的；（2）在调查、处置职务违法和职务犯罪工作中，做出显著成绩和贡献的；（3）提出有价值的监察建议，对防止和消除重大风险隐患效果显著的；（4）研究监察理论、总结监察实践经验成果突出，对监察工作有指导作用的；（5）有其他功绩的。

8. 答：根据《监察官法》第47条规定，办理监察事项的监察官有下列情形之一的，应当自行回避，监察对象、检举人、控告人及其他有关人员也有权要求其回避；没有主动申请回避的，监察机关应当依法决定其回避：（1）是监察对象或者检举人、控告人的近亲属的；（2）担任过本案的证人的；（3）本人或者其近亲属与办理的监察事项有利害关系的；（4）有可能影响监察事项公正处理的其他情形的。

9. 答：根据《监察官法》第52条规定，监察官有下列行为之一的，依法给予处理；构成犯罪的，依法追究刑事责任：（1）贪污贿赂的；（2）不履行或者不正确履行监督职责，应当发现的问题没有发现，或者发现问题不报告、不处置，造成恶劣影响的；（3）未经批准、授权处置问题线索，发现重大案情隐瞒不报，或者私自留存、处理涉案材料的；（4）利用职权或者职务上的影响干预调查工作、以案谋私的；（5）窃取、泄露调查工作信息，或者泄露举报事项、举报受理情况以及举报人信息的；（6）隐瞒、伪造、变造、故意损毁证据、案件材料的；（7）对被调查人或者涉案人员逼供、诱供，或者侮辱、打骂、虐待、体罚、变相体罚的；（8）违反规定采取调查措施或者处置涉案财物的；（9）违反规定发生办案安全事故，或者发生安全事故后隐瞒不报、报告失实、处置不当的；（10）其他职务违法犯罪行为。监察官有其他违纪违法行为，影响监察官队伍形象，损害国家和人民利益的，依法追究相应责任。